D1671475

PAULINE BIETAU

"Volk, flieg du wieder!"

Die Geschichte des Fliegens auf der Wasserkuppe bis 1945

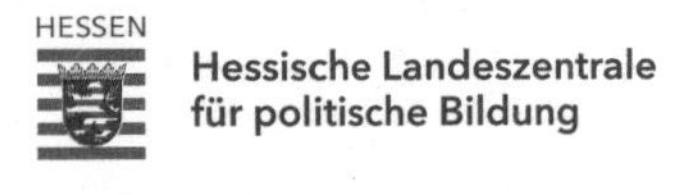

WIESBADEN 2023

Hessische Landeszentrale für politische Bildung

Mainzer Str. 98-102

65189 Wiesbaden

0611 32 55 40 51

poststelle@hlz.hessen.de

www.hlz.hessen.de

/hlzpb

/hessischelandeszentrale

/hlz@hessen.social

/hlz_pb

Lektorat:

Richard Verhoeven

Konzeption Cover-Layout:

Jannis Tanner - histo.vision

Coverbild:

"Zögling" schiebende Jungs, ca. 1933

© Peter Ocker

ISBN: 978-3-943192-69-8

Inhaltsverzeichnis

Vorwort

Die Wasserkuppe zwischen Flugentwicklung, Sport und Jugendverführung – Ein Auftrag für die politische Bildung

Die Wasserkuppe ist mit 950m der höchste Berg Hessens, Ursprung der Fulda, im wahrsten Sinne des Wortes touristischer Leuchtturm der Rhön und der gesamten Region Osthessen. 6,1 Millionen Übernachtungen im hessischen Mittelgebirge wurden im Prä-Corona-Jahr 2019 verzeichnet, hinzu kamen 19 Millionen Tagesgäste. Die Wasserkuppe ist weiterhin überregional als „Berg der Flieger“ bekannt. Dort unternahmen Darmstädter Schülerinnen und Schüler und Studierende aufgrund günstiger geographischer und thermischer Gegebenheiten bereits 1911 erste Flugversuche. Am Westhang der Wasserkuppe finden Besucherinnen und Besucher noch heute ein Fliegerdenkmal vor, das am 30. August 1923 vor den Augen von rund 100.000 Schaulustigen, darunter insgesamt 34 im Ersten Weltkrieg mit dem Tapferkeitsorden „Pour le Mérite“ ausgezeichnete Flieger sowie Würdenträger aus Politik und Militär, eingeweiht wurde. Der Bronzeadler auf basaltenem Sockel sollte an die im Ersten Weltkrieg gefallenen Flieger erinnern. Heute ist das Denkmal zu einem Markenzeichen der gesamten Rhön geworden. In den folgenden knapp zwei Jahrzehnten nach dem ersten Rhön-Segelflugwettbewerb 1920 entstand auf der Wasserkuppe im Rahmen verschiedener Bauperioden ein noch heute vorhandener Gebäudekomplex, von dem ausgehend Tausende Jugendliche zunächst in ihrer Freizeit und im nationalsozialistischen Regime systematisch erfasst und zentral gesteuert zu Segel- und Motorfliegern sowie fliegerischem Hilfspersonal ausgebildet wurden. Spiegel des fliegerisch-militärischen Selbstverständnisses der Handlungsträger im nationalsozialistischen Unrechtsregime ist die 1939 eingeweihte, noch heute originalgetreu erhaltene „Ehrenhalle der Flieger“, die architektonisch in den Gebäudekomplex eingebettet ist. Auf dem darinstehenden Kenotaph des propagandistisch missbrauchten Flugpioniers Otto Lilienthal (1848-1896) lasen die Jugendlichen ab 1939 den Spruch „Opfer müssen gebracht werden“. Er steht auch heute – beinahe 80 Jahre nach dem Ende der nationalsozialistischen Herrschaft – symbolisch für die perfide Ausnutzung der jugendlichen Flugbegeisterung für politische Ziele, die allen Regeln der Freiheit, den Menschenrechte und dem Völkerrecht zuwiderliefen. Die flugbegeisterten Jugendlichen, auf der Wasserkuppe ausgebildet, verloren massenhaft ihr Leben an den Fronten des Zweiten Weltkrieges. An kaum einer anderen Örtlichkeit in Deutschland ist diese missbräuchliche Jugendverführung so authentisch sicht- und emotional nacherlebbar wie am teils architektonisch noch erhaltenen nationalsozialistischen Täterort auf der Wasserkuppe.

Am 8. August 1970 besuchte Neil Armstrong, der ein Jahr zuvor als erster Mensch einen Fuß auf den Mond gesetzt hatte, die Wasserkuppe als den Ort, an dem die epochalen technischen Innovationen nach dem Ersten Weltkrieg seine Apollo-11-Mission erst ermöglicht hatten. Das auf der Wasserkuppe ansässige Deutsche Segelflugmuseum widmet sich neben diesen technischen und sportlichen Aspekten von über 100 Jahren Fluggeschichte auf dem „Berg der Flieger" in Kooperation mit der Hessischen Landeszentrale für politische Bildung auch den für die politische Bildungsarbeit relevanten Facetten der nationalsozialistischen Jugendverführung durch den Flugsport. Hierbei stehen die Entwicklung des Segel- und Motorflugs auf der Wasserkuppe, die Segelflugwettbewerbe und die Flugschule sowie die propagandistische Gewinnung fliegerischen Nachwuchses durch Schrift und Film im Kontext der nationalsozialistischen Ideologie im Zentrum der Betrachtung. Gleichzeitig wird der Versuch unternommen, mit Blick auf die Entwicklung neuer Zukunftstechnologien im Sinne der historisch-politischen Bildung einen Aktualitätsbezug zu wahren, um junge Menschen heute über die historische Gestaltung von Jugendverführung aufzuklären und sie so in der Gegenwart gegen solche zu wappnen. Die mobilisierende Anziehungskraft, die vor rund 100 Jahren der Traum vom Fliegen hatte (und für einige Menschen sicherlich auch heute noch hat), könnten heute und in Zukunft unter anderem Technologien wie Künstliche Intelligenz und Bio Engineering, also die nanotechnologische Optimierung des menschlichen Körpers, entwickeln. Die Auswirkungen, die solche Techniken auf menschliches Leben und die gesamte Umwelt haben könnten, sind so enorm, dass politische Bildung sich mit Chancen und Risiken staatlicher Nutzung dieser Techniken auseinandersetzen muss. Besonders die Faszination moderner Technologien für junge Menschen kann ein Angriffspunkt für staatliche Lenkung und Propaganda sein – wie ein näherer Blick auf die Geschichte der Wasserkuppe lehren kann. Einen solchen historischen Überblick über die fliegerische Geschichte der Wasserkuppe unter dem Aspekt des systematischen Missbrauchs jugendlicher Flugbegeisterung für politische Ziele möchte diese Publikation bieten. Schließlich ist eine Sensibilisierung über die Mechanismen verführender Propaganda in der Vergangenheit wie in unserer Zeit für die Bewahrung individueller Freiheit unerlässlich.

Gleichwohl kann diese Publikation nicht den Anspruch haben, die Geschichte des Fliegens in Deutschland vom späten 19. Jahrhundert bis zum Untergang des „Dritten Reiches" im Jahr 1945 in ihrer Komplexität vollständig zu beleuchten und wissenschaftlich zu bearbeiten. Es sei außerdem darauf hingewiesen, dass sich unter der zur Erstellung herangezogenen Literatur sowie den daraus entnommenen Zitaten teilweise oder vollständig weltanschaulich gefärbte und zu Propagandazwecken genutzte Schriften befinden, die von oder für nationalsozialistische Regimeanhänger verfasst wurden.

Dr. Alexander Jehn,
Direktor der Hessischen Landeszentrale für politische Bildung

Einleitung

Die Geschichte des Fliegens auf der Wasserkuppe in der politischen Bildung

Blickt man an wolkenlosen Tagen in den Himmel, so ist in den meisten Fällen ein Flugzeug zu entdecken. Wohin fliegt es? Sind die Passagiere auf dem Weg in den Urlaub, besuchen sie Familie oder Freundinnen und Freunde oder unternehmen sie eine Geschäftsreise? Rasch träumt man sich zurück in die Erinnerung der letzten eigenen Flugreise. Eng verbunden mit der Faszination des Fliegens ist das Überwinden physikalischer Gesetze und damit unserer naturgegebenen Grenzen. Seit den ersten menschlichen Flugversuchen Ende des 19. Jahrhunderts hat das Flugzeug als Faszinosum bis heute kaum an Anziehungskraft eingebüßt. Der Menschheitstraum vom Fliegen jedoch ist heutzutage beinahe zum Alltag geworden. So gilt das Flugzeug inzwischen als eines der bedeutendsten Personen- und Güterverkehrsmittel. Bis zu 1.600 Starts und Landungen erfolgen allein am Frankfurter Flughafen – dem größten deutschen Verkehrsflughafen – innerhalb von 24 Stunden.[1]

Wirft man einen Blick rund hundert Jahre zurück in die 1920er-Jahre, so scheint dieser Aufstieg keineswegs vorhersehbar gewesen zu sein, denn die deutsche Flugszene lag in den 1920er-Jahren buchstäblich *am Boden*. Zwar wurden bereits im Ersten Weltkrieg Motorflugzeuge militärisch eingesetzt – nur drei Jahrzehnte nach den ersten Gleit- und Segelflugversuchen des deutschen Luftfahrtpioniers Otto Lilienthal. Im Zuge der Kriegsniederlage des Deutschen Reiches und des Friedensvertrages von Versailles mit den Westalliierten wurde der Bau und Betrieb von Motorflugzeugen vor dem Hintergrund der Kriegserfahrungen in Deutschland jedoch weitestgehend verboten. Wie kam es, dass deutschen Piloten 1922 – wohlgemerkt nur zwei Jahre nach dem Inkrafttreten der Vertragsbestimmungen von Versailles – Gleitflüge von bis zu drei Stunden Dauer gelangen? Dass 1928 der erste bemannte Raketenflug der Menschheitsgeschichte in Deutschland absolviert wurde?

[1] Fraport: Zahlen, Daten, Fakten, in: Fraport online, 2023, URL: https://www.fraport.com/de/konzern/ueber-uns/zahlen--daten-und-fakten1.html (eingesehen am 21.06.2023).

Um diese Fragen zu beantworten, muss der Blick nach Hessen, genauer gesagt auf den höchsten hessischen Berg – die Wasserkuppe – gerichtet werden. Bereits vor Kriegsbeginn 1914 war sie von flugbegeisterten Studentinnen und Studenten als für den Segelflug günstiges Gelände entdeckt worden. Nach dem Ersten Weltkrieg fanden sich ab 1920 zivile Flugbegeisterte, aber auch ehemalige und amtierende Militärs und Weltkriegspiloten auf der Wasserkuppe zusammen, um ihrer Leidenschaft für das Fliegen, dem Verbot der Motorfliegerei zum Trotz, nun im Segelflug weiter nachzugehen. Bis 1933 errangen Fliegerinnen und Flieger aus der Fliegergemeinschaft auf der Wasserkuppe zahlreiche Höhen-, Strecken- und Dauerweltrekorde. Ihre technischen Pionierleistungen im Gleit- und Segelflug legten den Grundstein für den Überschallflug und die Eroberung des Weltraums. Nicht umsonst bezeichnet man den hessischen Berg noch heute als „Berg der Flieger“.

Die Fluggeschichte der Wasserkuppe ist jedoch auch eine Geschichte vom Aufstieg des Nationalsozialismus. Sie beschreibt, wie die Leistungen am „Berg der Flieger“ zur Gewinnung fliegerischen Nachwuchses für die nationalsozialistische Luftwaffe missbraucht wurden und eine systematische Ausbildung fliegerischen Nachwuchses für die Luftwaffe etabliert wurde. Darüber hinaus zeugt sie vom nationalistisch-revisionistischen Selbstverständnis vieler Fliegerinnen und Flieger vor sowie der Kontinuität vieler Protagonisten nach 1933. Die Geschichte des hessischen Bergs vereint demnach auf eine einzigartige Weise die Facetten Flugsport und Technikbegeisterung mit politischer Propaganda und der kriegsvorbereitenden Rüstung im Nationalsozialismus.

Nun könnte man zu dem Schluss kommen, dies sei alles Vergangenheit, die meisten Zeitzeuginnen und Zeitzeugen bereits verstorben und die Geschichte des Fliegens auf der Wasserkuppe sowieso maximal für Pilotinnen und Piloten sowie Flugaffine interessant. Warum also ist eine Beschäftigung mit der Geschichte des Fliegens auf der Wasserkuppe bis 1945 aus Sicht der historisch-politischen Bildungsarbeit nicht nur wünschenswert, sondern sogar gesamtgesellschaftlich notwendig und geboten?

Um diese Frage zu beantworten, unternehmen wir einen zeitlichen und thematischen Sprung in die Gegenwart. 2023 – seit über einem Jahr tobt in der Ukraine der völkerrechtswidrige Angriffskrieg Russlands. Erstmals in der Geschichte kann das Kriegsgeschehen im Ausland trotz räumlicher und zeitlicher

Distanz „wie ein Kinofilm konsumiert werden."[2] So makaber es erscheinen mag: Übersetzt in TikToks und Memes kann jedes Bombardement und jeder Gebietsgewinn beider Seiten im Ausland bequem vom Sofa aus verfolgt werden. Nicht nur ukrainische Jugendliche berichten über moderne Medien wie TikTok, Instagram oder Twitter über ihren Alltag im Luftschutzkeller oder ihre Flucht. Diese Kanäle bieten auch gigantische Nutzungsmöglichkeiten für die Verbreitung von Staatspropaganda. Einen Teil dieser Propaganda bildet auf russischer Seite das Narrativ eines präventiven Kampfes gegen vermeintliche ukrainische „Nazis" und „Faschisten". So wird der russische Angriffskrieg in der staatlichen Propaganda als „Spezialoperation" bezeichnet und vielfach als „Verteidigungskrieg" inszeniert. Julia Smirnova vom „Institute for Strategic Dialogue Germany" sagt hierzu: „Putin hat fälschlicherweise behauptet, dass die Ukraine mithilfe des Westens einen Angriff auf die Ostukraine vorbereitet habe."[3] Die Wahrnehmung als vermeintlich „faschistisch" wird in der russischen Propaganda auch auf diejenigen Staaten übertragen, welche die Ukraine durch Waffenlieferungen unterstützen. So bezeichnete der Moderator Ewgenij Popow in der Sendung „60 Minuten" des russischen Staatssenders „Rossija 1" vom 5. August 2022 Bundeskanzler Olaf Scholz als „Kriegsverbrecher", der für die Lieferung „faschistischer Haubitzen" an die Ukraine verantwortlich sei.[4] Betrachtet man diese propagandistische Inszenierung des russischen Angriffskrieges, so mag mancher sich an den 31. August 1939 erinnert fühlen. An jenem Augusttag fand ein fingierter Überfall von deutschen SS-Soldaten, die sich als polnische Nationalisten ausgaben, auf den Rundfunksender Gleiwitz statt. Die SS-Männer sendeten ein etwa vierminütiges Programm, dass sie mit den Worten „Hoch lebe Polen!" beschlossen. Zusammen mit anderen

[2] El Ouassil, Samira: „Ein Krieg sollte nicht wie ein Kinofilm konsumiert werden", in: fluter online, Juni 2022, URL: https://www.fluter.de/ukraine-krieg-soziale-medien-interview (eingesehen am 21.06.2023).

[3] Siggelkow, Pascal: Ein Feuerwerk der falschen Behauptungen, in: tagesschau online, Februar 2023, URL: https://www.tagesschau.de/faktenfinder/russland-putin-rede-103.html (eingesehen am 21.06.2023).

[4] Spahn, Susanne: Nachrichten aus dem Kreml, in: Bundeszentrale für politische Bildung online, Januar 2023, URL: https://www.bpb.de/themen/medien-journalismus/digitale-desinformation/517057/nachrichten-aus-dem-kreml/#node-content-title-2 (eingesehen am 21.06.2023).

(teilweise fingierten) „Grenzzwischenfällen" nutzten die Nationalsozialisten den vermeintlichen Überfall auf den Rundfunksender als Vorwand für den deutschen Überfall auf Polen. In seiner Reichstagsrede vom 1. September 1939 verkündete Adolf Hitler: „Seit 5:45 Uhr wird *zurück*geschossen!"

Auch die Nutzung moderner Medien mit einer hohen Anziehungskraft und Reichweite ist historisch betrachtet eine bewerte Praxis zur Verbreitung politischer Propaganda. Die Nationalsozialisten bemächtigten sich nach der Machtübernahme im Januar 1933 im Rahmen der sogenannten „Gleichschaltung" rasch der deutschen Medienlandschaft. Ziel war die Ausrichtung der gesamten Berichterstattung an der nationalsozialistischen Weltanschauung und damit die Zerstörung jedes medialen Sprachrohrs, das eine alternative Berichterstattung verfolgte. Ein pluraler demokratischer Diskurs wurde hierbei bewusst unmöglich gemacht. Neben den klassischen Printmedien spielten im Nationalsozialismus besonders Rundfunk und Fernsehen sowie der Film als *das* aufstrebende Medium der Weimarer Zeit eine herausgehobene Rolle. Die NS-Funktionäre ließen über die bekannten Propagandastreifen „Hitlerjunge Quex" (1933) und „Jud Süß" (1940) hinaus auch zahlreiche Propagandafilme mit Bezug zum Fliegen produzieren. Am Beispiel ausgewählter Propagandafilme über das Fliegen sowie zahlreicher propagandistisch gefärbter Druckerzeugnisse aus der Zeit möchte diese Publikation über die Strategien staatlicher Propaganda zur Gewinnung von Jungen und jungen Männern für den Kriegsdienst in der Luft aufklären. Die Fluggeschichte der Wasserkuppe wurde in diesem Rahmen als Stoff für die nationalsozialistische Propaganda in Schrift und (bewegtem) Bild missbraucht. Außerdem diente sie als Kulisse von nationalsozialistischer Baukunst, die der Weltanschauung ein bauliches Denkmal setzen sollte. Mit der 1939 eröffneten „Ehrenhalle der Flieger" sind Teile dieser „Propagandaarchitektur" noch heute auf der Wasserkuppe erhalten. Dieser Umstand macht den hessischen Berg als Gedenkort für den Missbrauch Jugendlicher für die nationalsozialistische Luftrüstung deutschlandweit einzigartig.

Das Fliegen als moderne Technik, mit der sich physikalische Gesetze überwinden lassen, übte in der ersten Hälfte des 20. Jahrhunderts eine immense Anziehung auf viele Menschen auf dem gesamten Globus aus. Gepaart mit dem Streben nach nationalem Prestige wurde es zum Motor für zahlreiche Flugbegeisterte, sich mit den theoretischen und technischen Hintergründen zum Fliegen sowie mit deren praktischer Umsetzung zu beschäftigen. Eingangs habe ich festgestellt, dass das Fliegen uns heutzutage alltäglich erscheint, wenngleich es uns dennoch weiterhin fasziniert. Eine vergleichbar treibende Anziehungskraft zum Fliegen im frühen 20. Jahrhundert entwickeln gegenwärtig andere moderne Technologien. Hier sind angesichts aktueller Tendenzen und gesellschaftlicher Debatten Gen- und Biotechnologie, Raumfahrttechnik sowie Künstliche Intelligenz zu nennen. Diese Technologien haben das Potential, unser Zusammenleben zukünftig vollkommen zu revolutionieren. Sie eröffnen damit auch – wie das Fliegen in den 1920er- und 1930er-Jahren – Karrieremöglichkeiten für talentierte Forscherinnen und Forscher bzw. Entwicklerinnen und Entwickler.

Staatliche Propaganda und Unterdrückung oppositioneller Meinungen ist in totalitären und autoritären Systemen besonders verbreitet. Auch die alternativlose Indienstnahme von Wissenschaftlerinnen und Wissenschaftlern sowie von jungen Menschen für die Ziele der Regierung sind typische Wesensmerkmale von Diktaturen. Gleichzeitig sind demokratische Systeme global betrachtet zugunsten autoritärer Tendenzen auf dem Rückgang: Laut einer Studie der britischen „Economist"-Gruppe lebten 2021 nur noch 45,7 Prozent der Weltbevölkerung in „irgendeiner Form der Demokratie".[5] Dabei sind sogenannte „mangelhafte Demokratien" wie Spanien, das wegen der fehlenden Unabhängigkeit der Justiz zu einer solchen herabgestuft wurde, noch mit eingeschlossen. Nur 6,4 Prozent der Weltbevölkerung lebte der Studie zufolge 2021 in einer „vollständigen Demokratie". Diese Zahlen sollten uns alarmieren. Auch wenn es uns Westeuropäern nicht so erscheinen mag, die Demokratie ist wahrlich eine „gefährdete Lebensform".[6] Um die Demokratie als Lebensform zu erhalten, bedarf es aber nicht nur der Sorge um ihren gegenwärtigen globalen Zustand. Es bedarf vielmehr aktiver Demokratinnen und Demokraten, die sich mutig für Presse- und Meinungsfreiheit, Pluralismus und Rechtsstaatlichkeit als ihre Wesensmerkmale einsetzen. Solche Demokratinnen und Demokraten wissen um die Fragilität demokratischer Strukturen, weil diese historisch bewiesen ist. Die Geschehnisse rund um die Fluggeschichte der Wasserkuppe bis 1945 gehören zwar der Vergangenheit an. Dennoch sie

[5] N.N.: Nur noch 45 Prozent der Weltbevölkerung leben in einer Demokratie, in: Spiegel Ausland online, Februar 2022, URL: https://www.spiegel.de/ausland/nur-noch-45-prozent-der-weltbevoelkerung-lebt-in-einer-demokratie-a-97ec1d36-6bff-4212-b10a-8bc316570158 (eingesehen am 21.06.2023).

[6] van Rahden, Till: Demokratie. Eine gefährdete Lebensform, Frankfurt 2019, S.9.

sind noch heute relevant, da in der Gegenwart Mechanismen in totalitären Systemen wirken, die denjenigen, die zwischen 1933 und 1945 auf der Wasserkuppe gewirkt haben, ähneln.

Die Parallelen zur Fluggeschichte der Wasserkuppe mit den Handlungsträgerinnen und Handlungsträgern, die sich nach 1933 teilweise in den Dienst der Nationalsozialisten stellten, und den Jugendlichen, die im Zusammenhang mit dem Faszinosum Fliegen zur Mitwirkung verführt wurden und vielfach an den Fronten des Zweiten Weltkrieges mit ihrem Leben dafür bezahlten, sollten uns für die Gegenwart eine Mahnung sein.

Wie also kann ein Ort wie die Wasserkuppe angesichts ihrer komplexen Geschichte in die bundesdeutsche Erinnerungskultur eingebettet werden? Ein sinnvoller erster Schritt kann es hierbei sein, die Belastung eines Ortes anhand einer unabhängigen Betrachtung seiner Geschichte möglichst objektiv festzustellen. Dieser Versuch soll in Bezug auf die Wasserkuppe mit dieser Publikation unternommen werden.

Dem amerikanischen Schriftsteller Mark Twain wird der kluge Satz zugesprochen, Geschichte wiederhole sich nicht, aber sie reime sich. Das im Hinterkopf behaltend, versucht diese Publikation nicht nur die obenstehende Frage zu beantworten. Sie möchte anhand der Untersuchung der historischen Vorgänge auf der Wasserkuppe zwischen 1911 und 1945 Aktualitätsbezüge herstellen und Leserinnen und Leser so bemächtigen, Herausforderungen in der Gegenwart mit historisch fundiertem Wissen zu erfassen und schließlich zu bewältigen.

»Seit der Deutsche Lilienthal 1891 die ersten fünfzehn Meter in der Luft zurückgelegt hat, sind die Flieger im Besitz einer Methode, mit der sie arbeiten können.«

Ferdinand Ferber
"Die Fortschritte in der Luftfahrt seit 1891 durch den Gleitflug", 1905

Teil 1

1880er-Jahre bis 1920

Die frühe Phase des Fliegens in Deutschland und die Entdeckung der Wasserkuppe

Otto Lilienthal und die Anfänge des Gleitflugs

„Und meine Seele spannte / Weit ihre Flügel aus / Flog durch die stillen Lande / Als flöge sie nach Haus"[7], heißt es in Joseph Freiherr von Eichendorffs klassischem romantischen Gedicht mit dem Titel „Mondnacht" aus dem Jahr 1835. Die darin beschriebene Faszination, die das Fliegen auf die Menschen ausübt, ist aber viel älter. Während bereits aus der Antike[8] und dem Mittelalter erste menschliche Flugversuche überliefert sind, war es der Tüftler Karl Wilhelm Otto Lilienthal (1848-1896), der als Pionier des Menschenflugs und Wegbereiter der modernen Luftfahrt in die Geschichte einging. Ihm gelangen als erstem Menschen weltweit wiederholbar Gleitflüge mit selbstkonstruierten Flugapparaten, die eine höhere Dichte als die umgebende Luft hatten. Sie verfügten demnach lediglich über einen vernachlässigbaren statischen Auftrieb. Dem Prinzip „schwerer als Luft" folgend, benötig-

[7] von Eichendorff, Joseph: Mondnacht, um 1835, URL: https://de.wikipedia.org/wiki/Mondnacht_(Eichendorff), (eingesehen am 10.03.2023).

[8] Zu den bekanntesten Gestalten der griechischen Mythologie gehören Dädalus und sein Sohn Ikarus. Die beiden wurden der Erzählung nach von König Minos auf der Insel Kreta gefangen gehalten. Um ihren einzigen Fluchtweg über die Luft zu nutzen, konstruierte Dädalus Flügel aus Wachs an einem Gestänge. In jugendlichem Übermut flog Ikarus zu hoch und stürzte ins Meer, weil das Wachs durch die Hitze der Sonne schmolz. Ikarus gilt bis heute als Symbolfigur für die Risiken der Technik. Auch im Nationalsozialismus wurde die Figur des Ikarus im Zusammenhang mit Totenkult, Heroisierung und Opferbereitschaft stilisiert und so als Propagandainstrument der Luftrüstung missbraucht. Als beispielhaft hierfür kann die „Ehrenhalle der Flieger" gelten, die 1939 im Lilienthal-Haus auf der Wasserkuppe eröffnet wurde. Dominiert wird sie von einem Glasbild, das in Anlehnung an das traditionelle Ikarus-Bild das Emblem des NS-Fliegerkorps zeigt.

ten Lilienthals Fluggeräte einen dynamischen Auftrieb durch Bewegung von Flügelprofilen in der Luft, um abzuheben und zu fliegen. Dem gegenüber steht das Flugprinzip „leichter als Luft", also von Flugapparaten mit einer geringeren Dichte als Luft, wie beispielsweise Heißluftballons, mit denen bereits aus dem frühen 19. Jahrhundert Streckenflüge überliefert sind. Auf dem von Lilienthal geprägten Flugprinzip bauten frühe Segelflugzeuge und Gleitschirme mit Tragflächen und später Hubschrauber und klassische Motorflugzeuge auf. In seinem Leben fertigte er mindestens 21 Flugapparate, mit denen er bis zu 250 Meter weit flog. Außerdem initiierte er die erste serienmäßige Produktion des Normalsegelapparats, einem Gleitflugzeug, in der eigenen Berliner Fabrik.

Bei seinen Forschungen orientierte sich der „erste Flieger der Menschheit" an der Tierwelt: 1889 veröffentlichte er seine Ergebnisse unter dem Titel „Der Vogelflug als Grundlage der Fliegekunst". Lilienthal legte theoretische physikalische und praktisch erprobte technische Grundlagen für die Entwicklung von Fluggeräten, besonders von aerodynamischen Tragflächen. Auch die ersten Flugbegeisterten, die 1911 die Wasserkuppe als günstiges Fluggelände entdeckten, orientierten sich beim Bau ihrer Gleit- und Segelflugzeuge an den Erkenntnissen des Flugpioniers. Lilienthals Lebenswerk gilt bis heute als Basis der internationalen Flugentwicklung im 20. Jahrhundert. Somit ist nicht nur die Geschichte des hessischen „Bergs der Flieger", sondern selbst die Landung von Menschen auf dem Mond im Jahr 1969 in der Tradition von Lilienthals Arbeit zu sehen. Am 9. August 1896 stürzte der „Pionier des Menschflugs" bei einem Gleitflug bei Stölln im heutigen Brandenburg aus 17 Metern Höhe ab und erlag wenig später seinen Verletzungen. Bis heute hält sich der Mythos, Lilienthals letzte Worte auf dem Sterbebett seien gewesen: „Opfer müssen gebracht werden."

> *„Seit der Deutsche Lilienthal 1891 die ersten fünfzehn Meter in der Luft zurückgelegt hat, sind die Flieger im Besitz einer Methode, mit der sie arbeiten können."*[9]

Wolf Hirth (1900-1959), selbst Segelflugpionier, der auf der Wasserkuppe das Fliegen lernte, schrieb 1938:

[9] Ferber, Ferdinand: Les Progrès de l'aviation depuis 1891 par le vol plané, 1905, o.O. S.4.

„Nach Lilienthals Tode kam der Segelflug in Deutschland zunächst nicht recht weiter. [...]. Die Entwicklung wandte sich mehr in die Richtung, die seit den Erfolgen der Wrights mehr und mehr an Bedeutung gewonnen hatte. Der Motorflug trat in den Vordergrund.“[10]

Bis heute wird kontrovers diskutiert, ob die bekannten US-amerikanischen Brüder Wilbur (1867-1912) und Orville (1871-1948) Wright oder der in die USA emigrierte Deutsche Gustav Weißkopf (Whitehead) (1874-1927) Anfang des 20. Jahrhunderts den ersten bemannten Motorflug durchführten. Alle drei leisteten sie jedoch neben anderen einen bedeutsamen technischen wie entwicklungsgeschichtlichen Beitrag zur Geschichte des Fliegens. Neben dem Motorflug trat in Europa nach dem Tod Lilienthals außerdem der Luftschiffbau – und damit eine Rückkehr zum Flugprinzip „leichter als Luft“ – in den Vordergrund. Am 1. Juli 1900 absolvierte der Zeppelin Z1 über dem Bodensee seine erste Fahrt.

Die Internationale Luftschifffahrt-Ausstellung in Frankfurt am Main 1909

Bis 1908 geschah laut Wolf Hirth auf dem Gebiet der Flugentwicklung „trotz Lilienthal und den Brüdern Wright in Europa nichts wirklich Bahnbrechendes“.[11] Das Jahr 1909 wirkte jedoch umso mehr als Katalysator für ebendiese. Vom 10. Juli bis zum 17. Oktober jenes Jahres fand die hunderttägige Internationale Luftschifffahrt-Ausstellung (kurz ILA) in Frankfurt am Main statt. Sie gilt als Vorläuferin der seit Mitte der 1950er-Jahre in Hannover und ab 1992 in Berlin veranstalteten Internationalen Luft- und Raumfahrtausstellung und wurde 1909 auf Betreiben verschiedener Luftfahrtverbände hin erstmals ausgerichtet. Im Rahmen der Ausstellung konnten Besucherinnen und Besucher unter anderem Ballons, Zeppelin-Luftschiffe und Motorflugzeuge auf dem Boden besichtigen und in der Luft bestaunen sowie Vorträge

[10] Hirth, Wolf: Vom Segelflug und Segelflugzeug, in: Deutsches Museum: Abhandlungen und Berichte, 10. Jahrgang, Heft 4, Berlin 1938, S. 103.

[11] Rathjen, Walter: Historische Entwicklung des Flugzeugs im Überblick, in: Bölkow, Ludwig (Hg.): Ein Jahrhundert Flugzeuge, Düsseldorf 1990, S. 22.

zu Theorie und Praxis der Luftfahrt anhören. Hierbei unterschied man im Aufbau der Ausstellung zwischen zweierlei Fluggerätetypen: Während viele Zeitgenossen den Flugmaschinen nach dem Prinzip „schwerer als Luft" kaum eine Zukunft einräumten, erkannten sie in den Konstruktionen nach dem Prinzip „leichter als Luft", wie Ballons und Zeppelin-Luftschiffen, die Zukunft der deutschen und internationalen Luftfahrt. Dies sollte sich in den folgenden Dekaden als Fehleinschätzung erweisen. Auch dank der Pionierarbeit der Flugbegeisterten auf der Wasserkuppe setzten sich die Fluggeräte nach dem Prinzip „schwerer als Luft", wie Segel- und Motorflugzeuge, in den 1920er-Jahren gegenüber Ballons und Luftschiffen durch.

Dem belgischen Luftfahrtpionier Pierre De Caters (1874-1944) gelang am 7. September 1909 mit etwas mehr als 35 Minuten Flugzeit der längste bis zu diesem Zeitpunkt absolvierte Motorflug der Geschichte. Der Franzose Louis Blériot überquerte am 25. Juli 1909 in einem Flugzeug den Ärmelkanal. Die ILA wurde nicht zuletzt wegen dieser Sternstunden des technischen Aufbruchs gleichzeitig zum zentralen Vernetzungsereignis von europäischen Flug- und Luftfahrtinteressierten und zu einer Werbeveranstaltung für die sportliche und technische Faszination des Fliegens mit immenser Strahlkraft vor allem für junge Besucherinnen und Besucher. Während ihrer gesamten Dauer besuchten rund 1,5 Millionen Menschen die hunderttägige Ausstellung in Frankfurt. Die ILA begründete gemeinsam mit dem Flugtag bei Reims im August 1909 „einen neuen Heldentypus der ‚Aviatiker'"[12]: Viele der Flugzeugführer waren ehemalige Auto- oder Motorradrennfahrer und wirkten nun als Piloten und Konstrukteure in einer Person, die um Rekorde und Preise flogen. Zu den bekanntesten Deutschen zählte Hans Grade (1879-1946).

Mit August Euler hatte ein wichtiger Initiator der ILA bereits 1908 und 1909 den Truppenübungsplatz „Griesheimer Sand" bei Darmstadt gepachtet und dort neben seinen „Euler-Flugmaschinenwerken" einen Flugplatz und eine Flugschule etabliert. Am 31. Dezember 1909 bestand er als erster deutscher Flieger die Pilotenscheinprüfung im selbst konstruierten Motorflugzeug. Bereits 1910 arbeitete Euler an einem mit der Flugzeugsteuerung und dem Propeller gekoppelten Maschinengewehr, für das er 1912 ein Patent erwirken konnte. Da die preußische Heeresverwaltung die militärische Relevanz von Eulers Innovation

[12] Ebda, S. 24.

Kurzbiografie August Euler[1]

- 20. November 1868: Geburt von August Heinrich Reith in Oelde im Münsterland als Sohn von August Reith und Karla Euler (1901 Wechsel zum Nachnamen der Mutter (Euler), um die Abstammung mütterlicherseits zu betonen)
- bis 1883: Schule und grafische Ausbildung in Aachen und Studium an der Technischen Hochschule Aachen
- bis 1893: Tätigkeit als Kaufmann in Europa, Russland, Japan und China
- 1890er-Jahre: Vorstandsmitglied der Frankfurter Gummiwarenfabrik von Louis Peter; erster Kontakt mit dem Flugzeugbau durch Bau von Luftreifen für motorgetriebene Fahrzeuge
- 1908: Gründung der „Euler-Flugmaschinenwerke“ als erste deutsche Fabrik für Motorflugzeuge in Griesheim und Pacht von einem Teil des Truppenübungsplatzes in Griesheim als Flugplatz
- 31. Dezember 1909: erster deutscher Absolvent der international anerkannten Pilotenprüfung
- 10. Juni 1912: erster amtlicher Postflug zwischen Frankfurt am Main und Darmstadt auf seine Initiative im von ihm konstruierten Flugzeug „Gelber Hund“
- 1912: Patent für das festinstallierte, mit der Flugzeugsteuerung und dem Propeller gekoppelte Maschinengewehr
- 1910-1918: Ausbildung von 74 Piloten; überwiegend Offiziere und Adelige, unter anderem Prinz Heinrich von Preußen, dem Bruder von Kaiser Wilhelm II.
- 1914-1918: Neubau und Reparatur von Kriegsflugzeugen
- ab 1918: Leiter des neu gebildeten Reichsluftamtes und dort Einsatz für die Internationalisierung der zivilen Luftfahrt
- 1. Juli 1957: Tod und anschließend Beisetzung in einem Ehrengrab auf dem Hauptfriedhof in Frankfurt am Main

[1] August-Euler-Förderverein Luftfahrt-Museum: August Euler, o.Z., URL: https://www.august-euler-museum.de/geschichte/august+euler/ (eingesehen am 30.03.2023).

fälschlicherweise als gering einschätzte, wurde das Patent international veröffentlicht. Euler beeinflusste so maßgeblich schon vor Beginn des Ersten Weltkrieges die Entwicklung des Motorflugzeugs für die militärische Nutzung – zur Feindaufklärung und als Waffe. Nichtsdestotrotz ist sein Name bis heute auch mit dem Einsatz für den zivilen Charakter der Luftfahrt verbunden: Am 10. Juni 1912 wurde auf seine Initiative hin der erste Postflug zwischen Frankfurt am Main und Darmstadt absolviert. Euler kann als Vorbild und Mentor derjenigen Flugbegeisterten gelten, die 1911 auf der Wasserkuppe zu fliegen begannen. Sein Verständnis der Fliegerei, das zwischen sportlich-zivilen Ambitionen und militärischer Relevanz oszillierte, prägte somit auch das Selbstverständnis der frühen Wasserkuppe-Fliegerinnen und -Flieger entscheidend.

Unter den zahlreichen Besucherinnen und Besuchern der Luftausstellung befanden sich auch Darmstädter Schülerinnen und Schüler sowie Studierende. Für viele von ihnen stellte die ILA mindestens einen Katalysator von einer reinen Faszination fürs Fliegen hin zu ersten praktischen Flugerfahrungen dar.[13] Unter dem Eindruck der Ausstellung gründeten die Darmstädter Hans Gutermuth, Berthold und Laurenz Fischer, Fritz Kolb, Ernst und Eugen von Loessl, Kurt Milkau, Willy Nerger, Karl Pfannmüller, Friedrich Rau, Albrecht Schwan und Heinrich Watzinger am 25. August 1909 die „Flug-Sport-Vereinigung Darmstadt" – eine Gemeinschaft, die sich anfangs für den Modell- und später für den Gleit- und Segelflug interessierte. Die Schüler und Studenten „holten sich zahlreiche Anregungen bei August Euler, den sie häufig bei seinen Flugversuchen auf dem Griesheimer Sand" beobachteten.[14] Die jungen Männer experimentierten anfangs auf dem Euler'schen Flugplatz in Griesheim gegenüber der dortigen „Neuen Kavalleriekaserne", bis sie 1911 ein weitaus besser geeignetes Fluggelände entdeckten: Die Wasserkuppe in der Rhön.

[13] Deutsches Segelflugmuseum mit Modellflug Wasserkuppe: 100 Jahre Segelflug, in: DSMM-Post, Frühjahr 2011, URL: https://www.segelflugmuseum.de/dsmm/16-2011.pdf (eingesehen am 09.03.2023).

[14] Reinhold-Postina, Eva: Fliegerei und Luftfahrt in Darmstadt, in: Kulturamt der Stadt Darmstadt (Hg.): Denkmalschutz in Darmstadt, Darmstadt 1993, S. 22.

Fliegen auf der Wasserkuppe 1911-1914

Diese Postkarte zeigt, dass die Wasserkuppe bereits vor den Versuchen der Darmstädter Studenten touristisch erschlossen war.

Die Gruppe Darmstädter Studierender wurde durch einen Erkundungsausflug im Frühsommer 1911 auf die für das Gleit- und Segelfliegen überaus günstigen Bedingungen auf der Wasserkuppe aufmerksam. Dort begannen sie bereits in den Sommerferien des gleichen Jahres mit ersten Flugversuchen im selbstkonstruierten Doppeldecker.[15] Wenig bewaldete, hindernisfreie Flächen, Flach- und Steilhänge zum Starten und Landen sowie die durch die Eisenbahn vergleichsweise gut erschlossene Region rund um die Rhön machten die Wasserkuppe für die jungen Flugbegeisterten attraktiv. Während die Darmstädter Flugpioniere sich in der „Flug-Sport-Vereinigung" sammelten, fanden Frankfurter Flugbegeisterte im ebenfalls 1909 auf Betreiben von Oskar Ursinus (1878-1952) gegründeten „Flugtechnischen Verein" eine Anlaufstelle. Auch wenn die ersten Flugversuche aus heutiger Perspektive eher primitiv erscheinen mögen, gelang Hans Gutermuth am 22. Juli 1912 mit einem motorlosen Doppeldecker ein Weltrekord-Flug von 838 Metern Weite und 1:52 Minuten Dauer. Gutermuths Rekord hatte bis 1920 Bestand.[16]

Der Segelflieger in seinem Flugapparat wurde hierbei von Helfenden angezogen und begann durch Aufwinde am Hang zu fliegen. In den drei Jahren, die die Darmstädter vor Ausbruch des Ersten Weltkrieges in der Rhön verbrachten, entwickelten sie das erste Motorflugzeug mit 30-PS-Motor und experimentierten mit verschiedenen Modellen im Segel- und Motorflug.

[15] Jenrich, Joachim: Von den Anfängen bis heute: 1911-2011 – 100 Jahre Segelflug auf der Wasserkuppe, in: Jahrbuch des Landkreises Fulda 2010/2011, S. 68 f.

[16] Ebda.

In dieser Zeit entstand außerdem eine Schutzhütte für die Fliegenden auf der Wasserkuppe. Viele der Darmstädter absolvierten 1913 oder 1914 eine Flugzeugführerprüfung und zogen anschließend in den Ersten Weltkrieg. Auf den Kriegsschauplätzen in der Luft erwies sich mit dem mit der Flugzeugsteuerung gekoppelten Maschinengewehr, das von August Euler entwickelt und auf französischer Seite adaptiert worden. Gutermuth fiel am 16. Februar 1917 – wie auch Laurenz Fischer, Willy Nerger, Kurt Milkau und Karl Pfannmüller – als einer der sogenannten „Alten Adler“ – also derjenigen Flieger, die bereits vor Kriegsausbruch Pionierarbeit geleistet hatten.

Der Erste Weltkrieg (1914-1918) als Katalysator des motorisierten Fluges

Um die Ausgangsbedingungen zu durchdringen, welche die Flugbegeisterten, die sich auf der Wasserkuppe engagierten, nach Ende des Ersten Weltkrieges vorfanden, ist es essentiell, sich die Entwicklungen im Flugwesen während des Krieges vor Augen zu führen. Darüber hinaus prägten das Selbstverständnis und die staatliche Inszenierung der Kriegsflieger des Ersten Weltkrieges das Klima in der deutschen Luftfahrt bis mindestens 1945.

Als im Sommer 1914 der Erste Weltkrieg begann, war die Luftfahrt im Allgemeinen und die motorisierte Luftfahrt im Besonderen noch eine junge Technologie in einer stürmischen Innovations- und Entwicklungsphase – auch getrieben durch die inner- und interstaatliche Konkurrenz verschiedener Unternehmen. Dennoch hatten sich bis 1914 bereits bemerkenswerte Entwicklungen auf den Feldern Bauformen, Konstruktion sowie technisches und aerodynamisches Wissen vollzogen. Dominierten in der Ära Lilienthal noch Holz, Stoff und Sperrholz als Materialien für die „fliegenden Kisten“, so waren in einzelnen Flugzeugen um 1914 bereits 100-PS-Motoren verbaut. Der rasanten technischen Entwicklung entsprechend waren vor Kriegsbeginn bereits massive Leistungssteigerungen bei den Parametern Reichweite, Höchstgeschwindigkeit, Steigleistung und Flugdauer zu verzeichnen: Flugzeuge konnten bereits mehrere Stunden in der Luft bleiben und mehrere 100 Kilometer weit fliegen. So benötigten Flieger im Kriegseinsatz nun geeignete Bordinstrumente, Spezialkleidung, Uhren, Fallschirme und entsprechendes Bodenpersonal. Besonders Frankreich, aber auch das Deutsche Reich taten sich bei der Entwicklung innovativer Flugzeugtypen und deren serienmäßiger Produktion hervor. Das Deutsche Reich setzte hierbei neben motorisierten Einzel- und Doppeldeckern auch auf Luftschiffe nach dem Vorbild des Zeppelins – also weiterhin auf das Flugprinzip „leichter als Luft".

Zu den prägenden Unternehmern der Produktion von im Krieg eingesetzten Flugzeugen gehörte neben August Euler auch Oskar Ursinus. Ursinus, geboren 1878, gab zwischen 1908 und 1944 die Zeitschrift „Flugsport" heraus. Nach Kriegsbeginn begann er, Aufklärungsflugzeuge und Bomber für die „Gothaer Waggonfabrik" zu konstruieren. Diese entwickelte sich während des Krieges zu einem der führenden deutschen Produktionsunternehmen für Flugzeuge und etablierte eine Zweigstelle in Rostock-Warnemünde für die Erprobung von Seeflugzeugen. Die Zahl der Beschäftigten der Abteilung Flugzeugbau der „Gothaer Waggonfabrik" stieg zwischen 1914 und 1918 von 130 auf 1.250 an. August Euler, der sich in der Flug(-sport-)szene bereits vor Kriegsbeginn als Pilot, Fluglehrer und Flugzeugfabrikant einen Namen gemacht hatte, bildete auf seinem Flugplatz in Griesheim bis 1918 vorrangig Offiziere und Adelige, unter anderem Prinz Heinrich von Preußen, den jüngeren Bruder Kaiser Wilhelms II., zu Flugzeugführern aus. Sein Unternehmen, die „Euler-Flugmaschinenwerke", widmeten sich in den Kriegsjahren vor allem dem Neubau und der Reparatur von Typen, die sich im Kampf bewährt hatten. Mindestens sieben Jagdflugzeugmodelle wurden unter der Aufsicht Eulers konstruiert. Mit Ursinus und Euler profitierten also für die Flugentwicklung in der ersten Hälfte des 20. Jahrhunderts entscheidende Personen von der hohen Nachfrage an Flugzeugen im Krieg.

Die Flieger übernahmen im Ersten Weltkrieg mit Aufklärung und Nachrichtenübermittlung Aufgaben, die man zuvor mit der Kavallerie in Verbindung gebracht hatte.[17] Der erste Luftangriff erfolgte durch ein „Luftschiff Zeppelin 6" von Deutschland aus auf das belgische Lüttich am 6. August 1914.[18] Die Zeppeline erlitten im Krieg jedoch besonders hohe Verluste, sodass die deutsche Luftwaffe sich rasch auf die Nutzung motorisierter Ein- und Zweisitzer konzentrierte. Obwohl für ihre Piloten Aufklärung, Artilleriebeobachtung und die gelegentliche bewaffnete Unterstützung der Infanterie im Zentrum stan-

[17] vgl.: Kister, Kurt: Erster Weltkrieg. Wie der Krieg das Fliegen lernte, in: Süddeutsche Zeitung online, Januar 2018, URL: https://www.sueddeutsche.de/politik/erster-weltkrieg-wie-der-krieg-das-fliegen-lernte-1.3810981-0#seite-2 (eingesehen am 09.03.2023).

[18] Ebda.

den, wurde während und nach dem Ersten Weltkrieg der Mythos der deutschen Jagdflieger begründet. Tatsächlich entwickelte sich die Jagdfliegerei, also die direkte Bekämpfung fremder Flugzeuge durch bewaffnete Piloten, im Laufe des Krieges zu einer, nicht aber der einzigen Aufgabe deutscher Piloten.

Nicht nur die deutschen Protagonisten des Luftkrieges – die Anonymität des Mordens am Boden buchstäblich überschwebend – wurden anhand der Zahl der von ihnen abgeschossenen feindlichen Flugzeuge zu Heldenfiguren stilisiert. Hierzu schreibt Katharina Trittel von der Universität Göttingen, die heroische Mythologisierung der Flieger sei „nichts spezifisch Nationalsozialistisches gewesen, sondern Ausdruck der schon früheren großen medialen Inszenierung der Luftfahrtbegeisterung.“[19] Zu den Bekanntesten ihrer Zunft zählten Manfred Freiherr von Richthofen, wegen der Farbe seiner Flugzeuge auch der „Rote Baron“ genannt, Max Immelmann und Oswald Boelcke. Andere Piloten des Ersten Weltkriegs wiederum, wie Robert Ritter von Greim, Bruno Loerzer, Friedrich Christiansen und Ernst Udet, machten später Karriere in der Luftwaffe des nationalsozialistischen Regimes, die von ihrem ehemaligen Fliegerkameraden Hermann Göring als Reichsminister der Luftfahrt und Oberbefehlshaber der Luftwaffe geführt wurde. Eine Vielzahl der teils blutjungen Piloten verlor jedoch ihr Leben im ersten modernen Krieg der Industriegesellschaften – und wurde post mortem in der Nachkriegsgesellschaft der Kriegsverlierer für ihren vermeintlichen Märtyrertod verehrt. Dieses mythologisierte, teils fiktionalisierte, der militärischen Nutzung des Fliegens entspringende Selbstverständnis deutschen Flugwesens wurde zur Grundlage für die weitere Entwicklung der sportlichen und kommerziellen Flugbewegung in Deutschland nach Kriegsende. Im Ersten Weltkrieg trat der Krieg aus der Luft erstmalig als weitere Teilstreitkraft neben Heer und Marine in Erscheinung. Bedeutende militärstrategische und flugtechnische Entwicklungen der Folgedekaden hatten ihren Ursprung zwischen 1914 und 1918. Hierzu zählen mit dem strategischen Bombardement, der Dominanz der Luftaufklärung und dem Glauben an die Luftüberlegenheit als Voraussetzung für militärischen Erfolg auf dem Boden Faktoren, die aus heutiger Sicht stark an Ereignisse aus dem Zweiten Weltkrieg erinnern.

[19] Trittel, Katharina: Krieg und Fliegen. Hundert Jahre nach Versailles, in: Institut für Demokratieforschung online, Juli 2019, URL: https://www.ifdem.de/beitraege/krieg-und-fliegen-hundert-jahre-nach-versailles/#_ftn2 (eingesehen am 09.03.2023).

Der Erste Weltkrieg muss daraus resultierend entwicklungsgeschichtlich als entscheidender Katalysator für die militärische und auch die zivile Fliegerei im internationalen Kontext gelten. Die deutsche Luftfahrtindustrie war dabei nach Martin Bach geprägt von einer Vervielfachung der Produktionskapazität und einer Ausweitung der Nachfrage durch staatliche Einflussnahme. So wurden nach Bach während des Ersten Weltkrieges zwischen 45.700 und 48.000 Flugzeuge in Deutschland hergestellt und vom Militär abgenommen.[20] Durch diese hohe Produktionszahl konnten bedeutende technische Neuerungen erprobt und umgesetzt werden. Das Erbe des Krieges machte das Flugzeug außerdem zu einem weiteren Gegenstand nationalistischen Konkurrenzdenkens zwischen den Staaten. An seinem Ende fungierte das Flugzeug auch als Bomber und Jäger und griff so aktiv ins Kampfgeschehen ein.

Der Friedensvertrag von Versailles – „Vater des Segelflugs"?

Mit dem Waffenstillstand von Compiègne zwischen dem Deutschen Reich auf der einen und Frankreich und Großbritannien auf der anderen Seite endeten am 11. November 1918 offiziell die Kampfhandlungen im Ersten Weltkrieg. Die Art des Kriegsendes sowie dessen gesellschaftspolitische Rezeption in Deutschland beeinflussten das Klima im deutschen Flugwesen mindestens so sehr wie die Gefechte und die Heroisierung der Kriegsflieger während des Krieges. Auch auf die Flugbegeisterten, die sich ab 1920 regelmäßig auf der Wasserkuppe einfanden, entfalteten diese Faktoren eine enorme Wirkung. Die deutsche Rezeption der Kriegsniederlage wurde ideologisch massiv durch die von der Obersten Heeresleitung (OHL) verbreitete „Dolchstoßlegende" gefärbt. Nicht selten schlossen sich die überwiegend jungen Flieger, die überlebt hatten, Freikorps[21] an.

[20] Bach, Martin: Luftfahrtindustrie im Ersten Weltkrieg. Mobilisierung und Demobilisierung der britischen und deutschen Luftfahrtindustrie im Ersten Weltkrieg, Stuttgart 2003, S. 13.

[21] Unter dem Begriff „Freikorps" versteht man bewaffnete Freiwilligenverbände aus ehemaligen Soldaten. Mit dem „Gesetz zur Bildung einer freiwilligen Volkswehr" aus dem Dezember 1918 wurde ihre Bildung vom „Rat der Volksbeauftragten", der damaligen Exekutive unter Friedrich Ebert (SPD), aktiv befördert. Ziel war es, so Sicherheit und Ordnung zu gewährleisten, da der „Rat der Volksbeauftragten"

Auch und besonders diese paramilitärischen Einheiten verschafften der Legende vom „im Felde unbesiegten" Heer Geltung und schürten ein aggressives, nationalistisch-revisionistisches Klima.[22] Gleichzeitig veränderte der Ausbruch der Novemberrevolution das politische System im ehemaligen Deutschen Kaiserreich. Aus der stark preußisch geprägten konstitutionellen Monarchie entstanden zunächst eine parlamentarische Monarchie und schließlich die erste Demokratie auf deutschem Boden.

Am 18. Januar 1919 begannen die Friedensverhandlungen in verschiedenen Pariser Vororten mit Vertretern von insgesamt 32 Staaten, wobei die besiegten Mittelmächte – und damit auch das Deutsche Reich – ausgeschlossen blieben.

über keine militärische Exekutive verfügte. In der Praxis entwickelten sich die Freikorps rasch zu einem entscheidenden innenpolitischen Machtfaktor.

[22] Wehler, Hans-Ulrich: Deutsche Gesellschaftsgeschichte [1700–1990], Band 4: 1914–1949, München 2008, S. 385.

Die "Dolchstoßlegende"

Die Urheber der „Dolchstoßlegende" begriffen das geschlagene deutsche Heer als „im Felde unbesiegt". Weiterhin machten sie mit der Legende von bildlich gesprochen „von hinten erdolchten" deutschen Soldaten demokratische Politiker – in erster Linie die Sozialdemokratie und ein vermeintliches „internationales, bolschewistisches Judentum" – für die militärische Niederlage verantwortlich. Die „Dolchstoßlegende" weist eindeutig verschwörungstheoretische und antisemitische Elemente auf. Darauf aufbauend diskreditierten monarchistische und nationalkonservative Eliten, aber auch rechtsextreme und völkische Gruppierungen, den Friedensvertrag von Versailles als „Schanddiktat" und demokratische Politiker als „Vaterlandsverräter" und „Novemberverbrecher". Die Erzählung vom „Dolchstoß" verfing sich gesellschaftlich und entwickelte sich gleichzeitig zum wirkmächtigsten antidemokratischen Narrativ in der Weimarer Republik und zum zentralenPropagandainstrument im innenpolitischen Machtkampf.

Die Revolution von 1918

Auch auf amerikanische Forderungen reagierend kam es unter der Regierung des liberalen Reichskanzlers Prinz Max von Baden im Oktober 1918 zu Reformen, mit denen aus der konstitutionellen eine parlamentarische Monarchie geschaffen wurde. Am 9. November 1918 riefen Philipp Scheidemann (SPD) und Karl Liebknecht (KPD) schließlich unabhängig voneinander die Republik aus. Bereits Ende Oktober hatten meuternde Matrosen, die sich weigerten in letzten Ehrengefechten einen vermeintlichen Heldentod zu sterben, begonnen, sich in Räten zu organisieren. Im Laufe der Revolution setzte sich das parlamentarische gegenüber dem Rätemodell durch. Im Januar 1919 wählten die Deutschen schließlich eine verfassungsgebende Nationalversammlung. Trotz der massiven Umwälzungen bezeichnen einige Historikerinnen und Historiker die Novemberrevolution von 1918 als „gebremste" oder „versandete" Revolution. Das hängt in erster Linie mit der Kontinuität der preußisch-militärischen Eliten in Heer und Verwaltung und deren daraus resultierend weiterhin hohen Einfluss auf Staat und Gesellschaft zusammen.

Knapp fünf Monate später erfolgte die Übergabe der verhandelten Vertragsbestimmungen an die einbestellte deutsche Delegation.

Unmittelbar nach der Übergabe herrschte in Deutschland parteiübergreifend Empörung und Ablehnung der Vertragsbestimmungen von Versailles. Das Außenministerium versuchte nachzuweisen, dass Deutschland und seine Verbündeten nicht die alleinige Kriegsschuld treffe. Dennoch unterzeichneten die deutschen Vertreter den Versailler Vertrag am 16. Juli 1919 in Ermangelung militärischer Alternativen. Am 10. Januar 1920 traten seine Bestimmungen in Kraft.

Im fünften Teil des Versailler Vertrages (Artikel 159 bis 213) wurden die militärischen Bestimmungen über Land-, See- und Luftstreitkräfte festgesetzt. Neben der Abschaffung der allgemeinen Wehrpflicht und der Begrenzung der Berufsarmee auf 100.000 Mann wurde dort der Wiederaufbau der Luftwaffe untersagt. Darüber hinaus waren die noch vorhandenen Kampfflugzeuge auszuliefern oder zu zerstören und jegliche Einfuhr von Flugzeugen, Flugzeugteilen und -motoren verboten. Am 6. Mai 1920 folgte vom Chef der Heeresleitung, General von Seeckt, der Befehl zur Auflösung der Fliegertruppe, der von Hauptmann Helmuth Wilberg formuliert wurde. Seine Verlautbarung endete mit den Worten:

> *„Wir geben die Hoffnung nicht auf, die Fliegertruppe noch einmal zu neuem Leben entstehen zu sehen. In der Geschichte der deutschen Armee wird das Ruhmesblatt der Fliegerwaffe nie welken. Die Waffe ist nicht tot, ihr Geist lebt!“*[23]

An dieser öffentlichen Äußerung von General von Seeckt – seit dem 1. Oktober 1919 Chef des wegen der Auflösung des Generalstabs neugebildeten Truppenamtes – ist erkennbar, welcher Zeitgeist unter vielen ehemaligen Kriegsfliegern in Deutschland vorherrschte.

Entscheidend für die weitere Entwicklung der Fliegerei in Deutschland waren die „Begriffsbestimmungen“ zur Reglementierung des Flugzeugbaus in Deutschland, die der Reichsregierung am 14. April 1922 übermittelt wurden.

[23] Schliephake, Hanfried: Wie die Luftwaffe wirklich entstand. Der Aufbau zwischen den beiden Weltkriegen, Stuttgart 1972, S. 13.

Der Versailler Vertrag von 1919

Unter dem Versailler Friedensvertrag versteht man lediglich den Vertrag zwischen den westlichen Siegermächten und dem Deutschen Reich. Seine wesentlichen Bestimmungen waren: Gebietsabtretungen von etwa sieben Prozent des Territoriums, Verlust aller Kolonien, Abrüstung und Rüstungskontrolle, Verpflichtung zu Reparationszahlungen in noch festzulegender Höhe sowie Anerkennung der alleinigen Kriegsschuld der Mittelmächte im Kriegsschuldparagraph 231. Zwischen den westlichen Siegermächten und den anderen Kriegsverlierern (Mittelmächte) wurden in verschiedenen Pariser Vororten separate Friedensverträge geschlossen, wie beispielsweise der Vertrag von Saint-Germain-en-Laye mit Österreich. Mit den Pariser Vorortverträgen wurde die europäische Landkarte neu geordnet.

Sie legten anhand von technischen Parametern fest, welche Flugzeuge von den Alliierten als von militärischem Nutzen definiert wurden. Hierzu zählten unter anderem Einsitzer mit mehr als 60 PS, Flugzeuge mit Panzerung, Vorrichtungen zum Einbau von Waffen oder Zielgeräten sowie Flugzeuge mit einer Nutzlast von über 600 kg. Dadurch wurde auch der Bau konkurrenzfähiger Verkehrsflugzeuge beinahe unmöglich gemacht.[24] Am 1. Januar 1923 fiel zwar die volle Lufthoheit über Deutschland an die Weimarer Republik zurück, die „Begriffsbestimmungen" blieben jedoch bis zum Pariser Luftfahrtabkommen vom 26. Mai 1926 in dieser Form in Kraft. Diese „Begriffsbestimmungen", die die Reglementierungen des Versailler Vertrages bezüglich der deutschen Luftwaffe konkretisierten, kamen für die Flugbegeisterten beinahe einem Verbot ihres fliegerischen Engagements gleich. Mit einem nationalen Zentrum auf der Wasserkuppe suchten sie nach Lösungen, um ihrer Faszination vom Fliegen weiter nachgehen zu können.

Zwar bemühte sich die militärische Führung, die Vertragsbestimmungen scheinbar zu erfüllen. Gleichzeitig war sie vor dem Hintergrund des militärischen Potentials der Luftwaffe anderer Nationen nicht bereit, auf Dauer auf dieses Instrument zu verzichten. Die Luftwaffe hatte sich im Weltkrieg bewährt. Oberst Hermann von der Lieth-Thomsen, im Ersten Weltkrieg ab 1915 Chef des Feldflugwesens, schreibt 1921, Deutschland sei „durch die ihm aufgezwungene Herabsetzung seiner Land- und Seestreitkräfte gegen jeden Angreifer wehrlos gemacht worden."[25] Der Herausgeber Freiherr Kurt von Lersner fordert zum Schluss seines Manifestes wörtlich die „völlige Revision des Friedensdiktates von Versailles."[26] Die führenden Kräfte in Reichswehr und Reichswehrministerium um General Hans von Seeckt wollten nicht nur auf technisches Wissen und fliegerisches Personal zurückgreifen können, wenn dies im Rahmen der internationalen Bestimmungen wieder legal möglich werden sollte. In Anbetracht der internationalen Konkurrenz sollten

[24] Cescotti, Roderich und Roeder, Jan: Militärluftfahrt, in: Bölkow, Ludwig (Hg.): Ein Jahrhundert Flugzeuge, Düsseldorf 1990, S. 388.

[25] Thomsen, Hermann: Bestimmungen über militärische und Seeluftfahrt, in: Kurt von Lersner (Hg.): Versailles! Volkskommentar des Friedensdiktats, Berlin 1921, S. 45 f.

[26] Kurt von Lersner (Hg.): Versailles! Volkskommentar des Friedensdiktats, Berlin 1921, S. 100.

darüberhinausgehend Flugtechnik und die Ausbildung fliegerischen Personals trotz der Verbote sogar noch weiterentwickelt werden. Diese Ziele waren nach Katharina Trittel weiterhin eng mit der „Idee des Fortschritts der menschlichen Kultur verbunden" – „bereits vor 1933 in einem deutsch-nationalen, sozialdarwinistischen Sinne."[27]

Paul Deichmann[28] (1898-1981), ab 1917 Leutnant bei der Fliegertruppe im Ersten Weltkrieg und Träger beider Klassen des Eisernen Kreuzes, schreibt über die praktische Umsetzung jener dieser Ziele in seiner 1979 veröffentlichten Autobiografie: „[...] Jeder Division wurden zwei frühere Fliegeroffiziere zugeteilt. Ein Hauptmann als sogenannter Referent zur besonderen Verwendung und ein Oberleutnant als Bildoffizier." Ihre Aufgabe sei es gewesen, „Vorträge über die Verwendung von Luftstreitkräften in fremden Heeren zu halten und bei Kriegsspielen, Planübungen, Geländebesprechungen, Übungen und Manövern die Leitenden zu beraten, wie sich eigene und feindliche Luftstreitkräfte bei bestimmten Lagen und Entschlüssen ausgewirkt hätten. Dem jüngeren Offizier unterstand eine Bildstelle, in der das nötige Lehr- und Anschauungsmaterial für diesen Zweck hergestellt wurde."[29] Deichmann selbst wurde ein solcher Bildoffizier. Über diese Tätigkeit gelangte Deichmann in die Gruppe T2 V (L) (Truppenamt, Abteilung Organisation, Gruppe, die sich mit Luftstreitkräften befasste) des Reichswehrministeriums unter Führung von Major Hugo Sperrle (1885-1953), dem späteren Generalfeldmarschall und Befehlshaber der nationalsozialistischen Luftflotte 3. Über diese Zeit schreibt Deichmann:

[27] Trittel, Katharina: Krieg und Fliegen. Hundert Jahre nach Versailles, in: Institut für Demokratieforschung online, Juli 2019, URL: https://www.ifdem.de/beitraege/krieg-und-fliegen-hundert-jahre-nach-versailles/#_ftn2 (eingesehen am 09.03.2023).

[28] Paul Deichmann kam am 27. August 1898 in Fulda als Sohn eines Gärtnereibesitzers zur Welt. Im Ersten Weltkrieg wurde er nicht nur mit beiden Klassen des Eisernen Kreuzes, sondern auch mit dem Flugzeugbeobachter-Abzeichen ausgezeichnet. Es ist wahrscheinlich, dass der spätere Chef des Stabes beim Chef des Ausbildungswesens der Luftwaffe vor seinem Aufenthalt in Lipezk auch auf der Wasserkuppe flog.

[29] Deichmann, Paul: Der Chef im Hintergrund. Ein Leben als Soldat von der preußischen Armee bis zur Bundeswehr, Oldenburg 1979, S. 38.

„Damals [...] lernte ich eine Anzahl von Offizieren kennen, die später Spitzenstellungen in der Wehrmacht einnehmen sollten. Ich erlebte mit, wie sich aus der theoretischen Beschäftigung mit den Problemen des Luftkrieges die ersten Ansätze einer künftigen Luftwaffe entwickelten.“[30]

Während so 120 ehemalige Fliegeroffiziere ab 1920 in der Reichswehr verbleiben konnten, entwickelten sich darüber hinaus in erster Linie zwei weitere Wege, um das geheime Fortbestehen der Luftwaffe zu ermöglichen:

Einerseits wandten sich die Verantwortlichen im Geiste des Vertrages von Rapallo vom 16. April 1922 gen Osten.[31] Unter der Führung des Obersten a.D. Hermann von der Lieth-Thomsen, dekorierter Stabschef des Ersten Weltkrieges, verhandelte die aus Reichswehroffizieren gebildete „Sondergruppe Moskau“ mit dem Chef der russischen Luftwaffe, Pjotr Baranow. Ab 1925 wurden deutsche Fliegerlehrgänge auf dem Gelände der geheimen Fliegerschule und Erprobungsstätte der Reichswehr im russischen Lipezk 480 km südlich von Moskau durchgeführt. Bis zur Schließung 1933 wurden dort – neben Paul Deichmann – noch

[30] Ebda, S. 39.

[31] Die Kontinuität der verantwortlichen Männer in Reichswehr (um Hans von Seeckt (parteilos)) und Reichswehrministerium (Gustav Noske (SPD), Otto Geßler (DDP), Wilhelm Groener (parteilos)) war für die militärische Kooperation zwischen Deutschland und der Sowjetunion in den 1920er- und frühen 1930er-Jahren sicherlich zuträglich. Dem gegenüber stand eine immens hohe Fluktuation an Regierungskabinetten. In der 14-jährigen Zeit ihres Bestehens führten ganze 21 Reichsregierungen die Exekutive der Weimarer Republik.

Der Vertrag von Rapallo

Unter dem Vertrag von Rapallo versteht man ein bilaterales wirtschaftlich-militärisches Bündnis zwischen der Sowjetunion und der Weimarer Republik unter Außenminister Walther Rathenau (DDP). Inhalt war der inoffizielle Aufbau der deutschen Rüstungsindustrie in der Sowjetunion, um die Bestimmungen des Versailler Vertrages zu umgehen. Perspektivisch war das Ziel der Vertragspartner die Revision der Ostgrenze, weshalb der Vertrag stark antipolnisch geprägt war.

etwa 120 weitere Flieger und rund 100 Luftbeobachter ausgebildet.[32] Geschichte und Bedeutung der deutsch-sowjetischen Zusammenarbeit beim Aufbau der Luftwaffe bis 1933 können jedoch nicht über das bereits Angeschnittene hinaus zum Gegenstand dieser Publikation gemacht werden.

Vielmehr soll hier die zweite Entwicklung in den Fokus gerückt werden, die sich beobachten ließ, nachdem die Luftwaffe und mit ihr der motorisierte Flug in Deutschland weitestgehend aufhören mussten zu existieren. Zahlreiche begeisterte Flieger wandten sich – die Worte des Generals von Seeckt im Ohr und deswegen auf ein Wiederaufleben der deutschen Luftwaffe hoffend – dem Segelflug zu. Das Segelfliegen blieb von der im Friedensvertrag festgeschriebenen Abrüstung und Rüstungskontrolle unberührt. So kann der Versailler Vertrag, oder genauer die alliierten „Begriffsbestimmungen", metaphorisch als „Vater des Segelflugs" gelten. Verstärkt wird die Brisanz dieser Wiederentdeckung des Segelflugs dadurch, dass dieser vor und während des Ersten Weltkrieges zugunsten des motorisierten Fluges in den Hintergrund gerückt war. Neben den erfahrenen Kriegsfliegern drängte zu Beginn der 1920er-Jahre eine junge, in großen Teilen an der zivilen Luftfahrt interessierte Generation darauf, ihren Traum von der Beherrschung der Lüfte Wirklichkeit werden zu lassen. Mit dieser erneuten Hinwendung zum Gleit- und Segelflug wurde der Bogen zur (Flug-) Geschichte der Wasserkuppe geschlossen.

[32] Schliephake, Hanfried: Wie die Luftwaffe wirklich entstand. Der Aufbau zwischen den beiden Weltkriegen, Stuttgart 1972, S. 17.

»Wir geben die Hoffnung nicht auf, die deutsche Fliegertruppe noch einmal zu neuem Leben entstehen zu sehen.«

Hauptmann Helmuth Wilberg
im Befehl zur Auflösung der Fliegertruppe
Mai 1920

Teil 2

1920 bis 1933

Der „Berg der Flieger" – Die Wasserkuppe als Schmelztiegel von Flugsport, Technikbegeisterung, Rüstung und Politik

Die Entstehung der Segelflugszene auf der Wasserkuppe ab 1920

Die besondere Anziehungskraft des Fliegens nach dem Ersten Weltkrieg beschreibt der Historiker Peter Fritzsche treffend als „airmindedness"[33], die in harmonischem Einklang zu der Idee vom „neuen Menschen" in der Weimarer Republik gestanden habe. Darunter ist die gesteigerte gesellschaftspolitische Relevanz zu verstehen, die der Luftfahrt in der Weimarer Republik zuteilwurde. Das Verbot der militärischen Luftfahrt brachte massive Einschränkungen auch für die zivile Verkehrsluftfahrt mit sich, an deren Spitze Pionier August Euler im Reichsluftamt stand. Dennoch profitierte die zivile Luftfahrt von den Verbesserungen der Maschinen aus dem Ersten Weltkrieg in Bezug auf Bauweisen (Metallflugzeuge und Flügelkonstruktionen), Aerodynamik (Hinwendung zu Eindeckern) sowie Motorentechnik, was sich insgesamt positiv auf Betriebssicherheit, Reichweite und Geschwindigkeit auswirkte.

Für die ehemaligen Weltkriegspiloten boten sich in dieser Situation verschiedene Möglichkeiten: Einige Flugbegeisterte versuchten nach 1918, wie die bekannten Piloten Hermann Göring und Ernst Udet, ihren Lebensunterhalt als Kunst- und Privatflieger zu verdienen. Ernst Udet (1896-1941), der im „Dritten Reich" bis zum Generalluftzeugmeister der Wehrmacht aufstieg, entwickelte

[33] Fritzsche, Peter: „Airmindedness" – der Luftfahrtkult der Deutschen zwischen der Weimarer Republik und dem Dritten Reich, in: Trischler, Helmuth u.a. (Hg.): Ein Jahrhundert im Flug. Luft- und Raumfahrtforschung in Deutschland 1907–2007, Frankfurt 2007, S. 88-104.

sich zu der Assoziation „für die neue Faszination ‚Fliegen'".[34] Andere wiederum trieben die Entwicklung der deutschen Luftfahrt im Segelflug voran. Neben den Piloten waren auch sämtliche gelernten Konstrukteure ohne Arbeit. Sie orientierten sich entweder beruflich um, gingen ins Ausland (so beispielsweise Claude Dornier in der Schweiz) oder begannen mit der Konstruktion von erlaubtem Flugmaterial im Rahmen des Segelflugs.

Fritz Stamer (1897-1969) schreibt hierzu in seiner 1933 veröffentlichten, propagandistisch gefärbten Geschichte der Wasserkuppe mit dem Titel „Zwölf Jahre Wasserkuppe":

> *„Wer einmal flog, den lässt es nie wieder los, der ist gepackt, muss wieder fliegen. Viele Flieger standen 1919 neben ihren sinnlos zerschlagenen Flugzeugen. Es sollte für immer vorbei sein mit der deutschen Fliegerei. Man entsann sich des großen Deutschen Otto Lilienthal, des Begründers des Flugwesens. Er flog motorlos. Also würde man auch motorlos fliegen, aber doch fliegen!"*[35]

In dieser Ausgangslage fanden sich im Sommer 1920 entscheidende geistige Lenker der deutschen Luftfahrt auf der für den Segelflug besonders geeigneten Wasserkuppe ein. Sie folgten der Initiative Oskar Ursinus', der am 24. März 1920 in seiner Zeitschrift „Flugsport" den Aufruf des „Flugtechnischen Verein Dresden" zum „1. Rhön-Segelflugwettbewerb auf der Wasserkuppe" abdruckte. Wörtlich liest man hierzu:

> *„Die begeisterten Anhänger des Flugsports und die Flugzeugfirmen sind in gleicher Weise an der Entwicklung eines gesunden Flugsportes und der Schaffung eines dazu tauglichen Flugzeuges interessiert. [...] Mit welchen geringen Mitteln der Gleitflugsport betrieben [...] werden kann, das haben uns vor allem die Arbeiten der Darmstädter in der Rhön gezeigt. Diese Arbeiten sollen durch einen Gleit- und Segelflugwettbewerb in der Rhön fortgesetzt werden."*[36]

[34] Hormann, Jörg und Zegenhagen, Evelyn: Deutsche Luftfahrtpioniere 1900-1950, Bielefeld 2008, S. 141.

[35] Stamer, Fritz: Zwölf Jahre Wasserkuppe, Berlin 1933, S. 6.

[36] Ursinus, Oskar (Hg.): Gleit- und Segelflug, in: Flugsport, Jahrgang 12, Heft 6, 1920, S. 135 ff.

No. 6/7 „FLUGSPORT". Seite 154

firmen sind in gleicher Weise an der Entwicklung eines gesunden Flugsportes und der Schaffung eines dazu tauglichen Flugzeuges interessiert. Vom schwachmotorigen Sportflugzeug sind wir heute weiter entfernt als je. Wenn wir wieder loskommen wollen von der Gewöhnung an starke, verfügbare Motorreserve, so müssen wir den Weg zurückgehen bis zur Aera der motorlosen Gleitflüge. Wir müssen heute mit einem gegen damals um ein vielfaches vermehrten wissenschaftlichen Rüstzeug an die Fortsetzung des unterbrochenen, persönlichen Studiums der Luft, im Gleit- und Segelflug gehen. Es sind genügend begeisterte Anhänger dieses Sportes vorhanden, nur fehlt ihnen die Möglichkeit zur Ausübung desselben. Diese muß ihnen gegeben werden, damit die vorhandenen Erfahrungen nicht verschwinden und neue rechtzeitig gesammelt werden. Mit welchen geringen Mitteln der Gleitflugsport betrieben und zu besonders bemerkenswerten Erfolgen geführt werden kann, das haben uns vor allem die Arbeiten der Darmstädter in der Rhön gelehrt. Diese Arbeiten sollen durch einen

Gleit- und Segelflugwettbewerb in der Rhön

fortgesetzt werden.

Für die Durchführung des Planes ist folgender Weg in Aussicht genommen.

1. Kosten.

Die Kosten eines rationell organisierten Gleitsportbetriebes sollen denen, die sich wirklich mit Begeisterung dieser Sache hingeben wollen und sich dafür interessieren, was die einzige Gewähr für den Erfolg birgt, teilweise abgenommen werden. Es soll ein Fond gesammelt werden, zu welchem alle diejenigen mit beitragen, die an einer Entwicklung des schwachmotorigen Sportflugzeuges interessiert sind. Die Zeitschrift „Flugsport", welche von jeher die Förderung des echten Sportfluges verfochten hat, übernimmt die Führung der Aktion und trägt, um das Risiko für ein Gelingen, auszuschalten, die Organisationskosten*) für die Vorarbeiten. Es ist zu erwarten, daß die maßgebenden Vereine, welche die Förderung des Flugwesens auf ihr Panier geschrieben haben, sich der Notwendigkeit nicht verschließen werden, daß es für sie Ehrenpflicht ist, nach ihrer Kraft zu dieser Sache, als der einzigen, in der jetzigen Zeit der Bedrängnis durchführbaren, ein Scherflein beizutragen. Ferner werden auch die Flugzeugfirmen, die an der Entwickelung des Flugsports nicht geringes Interesse haben, eine finanzielle Unterstützung nicht versagen. Endlich besteht auch Aussicht, vom Reichsamt für Luft- und Kraftfahrwesen, bezw. der Deutschen Luftsport-Kommission, oder aus dem National-Flugspenden-Fond finanzielle Unterstützung gewährleistet zu erhalten. Der Fond soll auf mindestens M. 20000.— bis M. 40000.— gebracht werden.

Seite 157 „FLUGSPORT". No. 6/7

gleichmäßigen und endlosen Hängen ist eben einzig und die meteorologischen Verhältnisse hervorragend.

5. Werkstatt.

Beim Gleitfliegen geht es natürlich auch nicht ohne Bruch und Reparaturen ab, darum muß eine Werkstatt vorhanden sein, wo die nötigen Reparaturen ausgeführt werden können. Es muß aber auch die Möglichkeit bestehen, neue Gedanken durch Umbau oder Aenderungen rasch in die Tat umzusetzen, Hilfsmittel wie Transportwagen zu improvisieren und dergleichen Aufgaben mehr, die während des Betriebes entstehen. Zu diesem Zwecke soll in Gersfeld mit den in Frage kommenden Handwerkern die erforderlichen Abkommen getroffen und die Leute in der Weise entschädigt werden, daß sie den Teilnehmern die Anfertigung der angedeuteten Arbeiten in ihren Werkstätten ermöglichen. Eine kleine Reparatur wird an Ort und Stelle selbst ausgeführt werden können. Für Werkzeug und Baumaterial soll in ausreichender Weise vorgesorgt sein, um möglichst unabhängig zu sein und ohne große Verzögerung alle Reparaturen und evtl. kleine Neuerungen ausführen zu können.

6. Vorbereitungen.

Eine besondere Kommission übernimmt es, in Gersfeld, bezw. auf der Wasserkuppe, Ort und Räumlichkeiten auszusuchen, über Unterkunft und Verpflegungsmöglichkeiten Näheres in Erfahrung zu bringen, Bericht zu erstatten und späterhin für den Aufbau der Zelte etc. Sorge zu tragen. Alle Vereine, soweit es in ihrem Bereich steht, und die vom Verband beauftragte

Leitung des Unternehmens, Civ.-Ing. Oskar Ursinus, Frankfurt am Main, Bahnhofsplatz 8,

bemühen sich, das erforderliche Bau-, Reparatur- und Betriebsmaterial aufzutreiben, als da sind: Zelte und Zubehör, Hölzer, Furniere, Holme, Stoff, Schrauben und Bolzen, Verspannungsmaterial, Werkzeuge, Feldtelefon, Fotomaterial usw. Die Konstrukteure der Flugzeugfirmen, insbesondere die erfahrenen Gleitflieger werden gebeten, sich sofort mit dem Leiter des Unternehmens, zwecks Unterbreitung konstruktiver Vorschläge zu den Gleitflugzeugen, in Verbindung zu setzen. Für eine neutrale Beratungsstelle ist schon jetzt gesorgt.*) Sobald die Vorarbeiten einen Ueberblick über die Aussicht des Gelingens gestatten, werden alle Interessenten zu einer Besprechung und Besichtigung an Ort und Stelle eingeladen. Dies soll für Pfingsten ins Auge gefaßt werden. Die Fahrtauslagen zu dieser Besichtigung werden für je einen Vertreter jedes dem Verband angeschlossenen Vereines aus dem Fond ersetzt. Alle Anregungen, vor allem was den Betrieb und die Vorbereitung betrifft, sind dringend erwünscht.

Die für die Beteiligung maßgebenden Wettbewerbs-Bedingungen erscheinen nach Pfingsten.

*) Die neutrale techn. Beratungs- und Prüfstelle, welche nicht im Preisgericht und sportlichen Leitung vertreten sein darf, beratet kostenlos. Sie prüft nach einzureichenden Unterlagen, Zeichnungen usw. Neukonstruktionen durch Nachrechnen, gibt Ratschläge konstruktiver Art. Vielleicht sind auch manche

Ausschnitte aus der Zeitschrift "Flugsport" zum ersten Rhönwettbewerb 1920. Herausgeber war Oskar Ursinus.

Im nationalsozialistischen Propagandawerk „Triumph der deutschen Luftwaffe", das 1941 von Major Hermann Kohl veröffentlicht wurde, findet man hierzu:

> *„Alte Kriegsflieger stellen sich selbstlos mit ihrem reichen Erfahrungsschatz der Jugend auf den kahlen Höhen der Rhönkuppe zur Verfügung und geben damit dem Unternehmen den notwendigen Akzent. Begeisterte Jungen ziehen in Scharen nach der Wasserkuppe. In der Geschichte der deutschen Fliegerei beginnt ein neues Kapitel."*[37]

Dass diese Darstellung einer reibungslosen Kooperation zwischen erfahrenen Kriegsfliegern und begeisterten Jugendlichen eher Propagandamythos als

[37] Kohl, Hermann: Triumph der deutschen Luftwaffe. Ein Buch vom Werdegang der Fliegerei und ihrem Einsatz im großdeutschen Freiheitskampf, Graz 1942, S. 117.

objektive, faktenbasierte Darstellung war, soll im Verlauf der Publikation deutlich werden. An dieser Stelle ist entscheidend, dass die Flugbegeisterten auf der Wasserkuppe von 1920 auch von kriegserfahrenen Fliegern lernten und sich selbst in eine bewusste Traditionslinie zu den Darmstädter Studenten stellten. Später wurden sie als Protagonisten des nationalsozialistischen Mythos vom „Berg der Flieger" mit seinen fliegenden Heldenfiguren missbraucht. Die Wasserkuppe war in verschiedenen Perioden 1911-1914, in den 1920er-Jahren und im Nationalsozialismus Schauplatz bedeutenden technischen Fortschritts in der Luftfahrt. Mit fortschreitender Dauer dieser Entwicklung wurde der Berg jedoch auch bewusst als Chiffre für Abenteuerlust, Heldenmut und Vaterlandsliebe inszeniert. Diese Melange zwischen Technik und Flugsport, zwischen Rüstung und Instrumentalisierung Jugendlicher macht die Wasserkuppe historisch einzigartig.

Finanziell unterstützt wurde mindestens der erste Segelflugwettbewerb 1920 vom Frankfurter Mäzen Karl Kotzenberg (1866-1940), der unter anderem Präsident des Frankfurter Vereins für Luftfahrt, Gründungspräsident des Deutschen Luftrates, Mitglied im Vorstand des Deutschen Luftfahrtverbandes und im Aufsichtsrat der Deutschen Lufthansa war.[38]

Den ersten Flugversuch während des ersten Rhönwettbewerbes 1920 unternahm Bruno Poelke (1883-1975), einer der wenigen Flieger, die bereits in den Vorkriegsjahren aktiv gewesen waren.[39] Mit 8 Sekunden Flugzeit ist sein Flug – wie die meisten Flugversuche des ersten Wettbewerbs – eher als „Flugsprung" zu bezeichnen. Dennoch gelangen in den letzten Wettbewerbstagen mit dem Aachener Eindecker „Schwarzer Teufel" Flüge von zwei Minuten und 22 Sekunden Dauer.[40] Beim Bahntransport des „Schwarzen Teufels" durch drei militärische Besatzungszonen teilten alle alliierten Kontrollstellen mit, dass der Transport von Flugzeugen verboten sei. Das Flugzeug gelangte also gegen den ausdrücklichen Widerstand der Vertreter der westalliierten Siegermächte

[38] Akademische Fliegergruppe Darmstadt e.V. (Hg.): Wie Ideen fliegen lernten. 100 Jahre Akademische Fliegergruppe Darmstadt, Darmstadt 2021, S. 23.

[39] Meyer, Erich: Der Anfang einer Weltbewegung. Der Weg zur Rhön. in: Brütting, Georg (Hg.): Segelflug erobert die Welt, München 1944, S. 43.

[40] Ebda, S. 48.

Oskar Ursinus (links) war das Gesicht des Segelflugs in der Rhön.

in die Rhön.[41] Ursinus selbst übernahm die organisatorische Oberleitung des Rhön-Segelflugs und damit Zeitplan und Logistik. Sein initiatives Engagement für den ersten „Rhön-Segelflugwettbewerb" 1920 und die prägende, väterliche Rolle, mit der er die weitere Flugentwicklung auf der Wasserkuppe bis nach 1945 begleitete, gelten als Ursprung für seinen Bei- und Ehrennamen „Rhönvater", der später auch in nationalsozialistischen Propagandawerken verwendet wurde.

Die rein zivile Rolle, die Ursinus sich selbst nach 1945 als vermeintlicher Förderer des Sport- und Segelfluges zu geben versuchte, erscheint schon mit Blick auf seine Familiengeschichte kaum haltbar: Als Konstrukteur von Aufklärungsflugzeugen und Bombern für die „Gothaer Waggonfabrik" war er schon im

[41] Steffen, Daniel: Seit hundert Jahren treten Segelflieger gegeneinander an – der erste Wettbewerb wurde von einem tödlichen Unglück überschattet, in: Neue Zürcher Zeitung online, September 2020, URL: https://www.nzz.ch/panorama/segelflieger-bereits-seit-100-jahren-treten-sie-gegeneinander-an-ld.1577918 (eingesehen am 31.0.5.2023).

Ersten Weltkrieg mit den militärischen Nutzungsmöglichkeiten von Flugzeugen vertraut. Darüber hinaus kostete der Einsatz in der Luftwaffe seine Söhne Frithjof (1910-1940), der 1940 bei einem Unfall als Testpilot der Firma Heinkel verstarb, sowie Günter (1916-1941), der als Luftfahrtingenieur 1941 in Afrika abstürzte, das Leben. Der dritte Sohn Werner „Bärchen" Ursinus flog ebenfalls in der deutschen Luftwaffe, in der „Legion Condor", die im Spanischen Bürgerkrieg eingesetzt war. Der „Rhönvater" hatte dementsprechend nicht nur Kenntnis von den militärischen Facetten des Fliegens, sondern auch den emotionalen Verlust zweier Söhne durch die nationalsozialistische Luftrüstung am eigenen Leib gespürt. Seinen Bei- und Ehrennamen „Rhönvater" behielten die Nationalsozialisten in Kontinuität zu den frühen Rhönwettbewerben der 1920er-Jahre bei.

Mit Gottlob Espenlaub (1900-1972) brachte der Segelflugwettbewerb 1920 noch eine weitere für die deutsche Luftfahrt prägende Figur auf die Wasserkuppe. Espenlaub - zu diesem Zeitpunkt arbeitsloser Tischlergeselle - half während der Wettbewerbstage bei der Versorgung, verbrachte jedoch seinem Biografen Friedrich Radenbach zufolge so viel Zeit wie möglich im Fliegerlager. Dort begann er, einen Hängegleiter zu konstruieren.[42]

Im Vorfeld des zweiten Segelflugwettbewerbes 1921 wurde eine gemeinsame Tagung der beiden großen Flugsportgesellschaften, dem „Deutschen Luftfahrtverband" und der „Wissenschaftlichen Gesellschaft für Luftfahrt", in Berlin organisiert. Initiator war - der propagandistisch gefärbten Biografie Espenlaubs zufolge - Oskar Ursinus.[43] Gemeinsam mit anderen Maßnahmen diente die Tagung zweifelsfrei der personellen und organisatorischen Konsolidierung des deutschen Flugwesens mit Zentrum auf der Wasserkuppe, auf die Radenbach zufolge so „die Aufmerksamkeit der gesamten Fliegerwelt"[44] gelenkt wurde. Zur Finanzierung des zweiten Segelflugwettbewerbs trug der ehemalige Jagdflieger im Ersten Weltkrieg und spätere Korpsführer des Nationalsozialistischen Fliegerkorps (NSFK) Friedrich Christiansen (1879-1972) persönlich 2000 Mark bei. Laut Radenbach „zeichneten sich auch andere bekannte Weltkriegsflieger mit namhaften Summen in die Liste der Spender ein, so Major [Hans] Wagenführ und Hauptmann [Bruno] Loerzer.

[42] Radenbach, Friedrich Wilhelm: Gottlob Espenlaub. Ein Fliegerleben, o.O. 1942, S. 20 f.

[43] Radenbach, Friedrich Wilhelm: Gottlob Espenlaub. Ein Fliegerleben, o.O. 1942, S. 32.

[44] Ebda.

Kurzbiografie Gottlob Espenlaub[1]

- 25. Oktober 1900: Geburt in Balzholz in Baden-Württemberg als Sohn eines Schäfers
- Tischlerlehre
- 1914-1918: Soldat im Ersten Weltkrieg
- ab 1920: Konstruktion zahlreicher Flugzeugmodelle (besonders große freitragende Gleiter), z.B. des schwanzlosen Gleiters „Espenlaub E2", und erfolgreiche Teilnahme an den Wettbewerben auf der Wasserkuppe; Überwinterung auf der Wasserkuppe trotz widriger Bedingungen
- 1923: beim Segelflugwettbewerb auf dem Waschberg bei Wien erstmals auch als Pilot aktiv; mit 3,5 km Weite Gewinn des 2. Preises
- 1927: Abbruch des erstmaligen Versuchs eines Motorschlepps wegen eines Seitenruderbruchs am Segelflugzeug und Bau von Motormaschinen mit französischen Motoren von bis zu 100 PS
- 1929: Experimente mit Raketentreibsätzen auf dem Flugplatz Düsseldorf-Lohausen mit Nurflügler „Espenlaub 15", wobei er einen Absturz aus 30 m Höhe schwerverletzt überlebte
- 1939: Umzug auf den Flugplatz Langerfeld in Wuppertal
- 1939-1945: Konstruktion von Luftabwehrdrachen sowie Reparatur abgestürzter Sturzkampfbomber unter Einsatz von Zwangsarbeitern[2]
- nach 1945: Konstruktion von Fahrzeugen
- 9. Januar 1972: Tod in Wuppertal und anschließend Beisetzung auf dem Unterbarmer Friedhof

[1] Radenbach, Friedrich Wilhelm: Gottlob Espenlaub. Ein Fliegerleben, o.O., S. 152-179

[2] Link, Thorsten: Gottlob Espenlaub. Verrückt, verpönt, vergessen, in: Kues-Magazin online, 2020, URL: https://www.kues-magazin.de/gottlob-espenlaub/ (eingesehen am 30.03.2023).

Rittmeister [Carl-Friedrich] von Langen hatte einen ‚Eugen von Loeßl-Erinnerungspreis' in Höhe von 500 Mark gestiftet".[45] Von Loeßl war am 9. August 1920, exakt 24 Jahre nach dem Tod Lilienthals, am Westhang der Wasserkuppe verunglückt.

[45] Ebda, S. 34.

Kurzbiografie Fritz Stamer

> 28. November 1897: Geburt als Friedrich Stamer in Hannover

> Studium der Architektur

> als Soldat im Ersten Weltkrieg bei Langemark (Belgien) verwundet

> 1917: Feldpilotenprüfung nach Pilotenausbildung in Hannover

> 14. August 1918: bei Lunéville (Frankreich) abgeschossen und anschließend für 18 Monate in Kriegsgefangenschaft

> ab 1921: Hilfskraft bei der „Weltensegler GmbH" auf der Wasserkuppe

> 1924-1933: Schulleiter und Lehrer in der Martens Flugschule auf der Wasserkuppe

> 10./11. Juni 1928: Pilot beim ersten bemannten Raketenflug der Welt auf der Wasserkuppe

> 1. August 1932: Eintritt in die NSDAP (Mitgliedsnummer 1.145.800) und die SA

> Mai 1933: Versetzung nach Berlin in die Zentrale des „Deutschen Luftsportverbandes", Abteilung Segelflug

> ab 1934: Abteilungsleiter bei der „Deutschen Forschungsanstalt für Segelflug",

> 1933-1945: Verfasser verschiedener nationalsozialistisch-propagandistisch gefärbter Flug- und Werbeschriften für den Segel- und Motorflug (z.B. „Jungen werden Flieger", 1937)

> 1950: Gründungsmitglied, Generalsekretär und Vizepräsident des „deutschen Aero Clubs"

> 20. Dezember 1969: Tod in Oberusel (Taunus)

Das große Interesse der heroisierten ehemaligen Kriegsflieger am Flugwesen auf der Wasserkuppe kann zweifelsfrei als Indiz für das nationalistisch geprägte Selbstverständnis der dortigen Fliegergemeinschaft gewertet werden. Mit Fritz Stamer, studierter Innenarchitekt, begann im Sommer 1921 während des zweiten Segelflugwettbewerbes ein weiterer entscheidender Protagonist als Hilfskraft der „Weltensegler GmbH" auf der Wasserkuppe zu wirken.

Stamer reparierte zunächst bei Abstürzen beschädigte Flugzeuge. Im Laufe der ersten Wettbewerbe sammelten sich mit den Flugbegeisterten und später bekannten Piloten Wolfgang Klemperer, Max Kegel, Alexander Schleicher, Günter Groenhoff, Peter Riedel, Johannes „Bubi" Nehring, Robert Kronfeld, Wolf

Kurzbiografie Arthur Martens

- 28. März 1897: Geburt in Gilten in Niedersachsen
- 1914-1918: Leutnant und Frontflieger beim Jagdgeschwader Manfred von Richthofens
- ab 1919: Maschinenbaustudium an der TH Hannover und Einfliegepilot bei der „Hannoverschen Waggonfabrik"
- 1919: neuer Höhenweltrekord im Motorflugzeug mit 9650 m
- 1921-1925: 8 Siege bei den Rhönwettbewerben; u.a. Stundenweltrekord 1922, Streckenweltrekord 1923 von 12 km
- 1923/1924: Aufbau der Martens-Flugschule auf der Wasserkuppe, die 1925 an die RRG abgetreten wurde
- 1925: Ende der Segelfliegerkarriere und Beginn der Tätigkeit als Leiter der Verkaufsabteilung der „Vereinigten Deutschen Metallwerke" in Heddernheim, wo er an Metallpropellern forschte
- 16. August 1928: „Europapropagandaflug" für die ILA und Nominierung für den „Hindenburgpokal" (ab 1928 die höchste Anerkennung für fliegerische Leistungen im Motorflug)
- 16. November 1937: Tod beim Absturz einer Verkehrsmaschine in Ostende (Belgien)

Hirth, Heini Dittmar, Ludwig Hofmann und weiteren bereits zahlreiche talentierte Flugzeugführer auf der Wasserkuppe. Im Rahmen des zweiten „Rhönwettbewerbs" im Sommer 1921 erreichte der Hannoveraner Arthur Martens (1897-1937) in seiner Maschine mit dem Namen „Vampyr" in 15 Minuten eine Strecke von 7,5 Kilometern.

Abgesehen von dieser Leistung verlief der Wettbewerb 1921 Radenbach zufolge jedoch eher enttäuschend. Mit Friedrich Harth und Hauptmann Kurt Student (1890-1978) stürzten 1921 zwei prominente Figuren des Segelflugs ab. Letzterer spielte ab 1922, als er in der Inspektion für Bewaffnung und Ausrüstung auf dem Gebiet der Flugzeugentwicklung zu wirken begann, eine entscheidende Rolle bei der Errichtung der Geheimen Fliegerschule und Erprobungsstätte der Reichswehr in Lipezk. Radenbach schreibt, Students „Anwesenheit [habe] einen tieferen und für die gesamte Segelflugentwicklung richtunggebenden Sinn" gehabt.

„Als alter Kriegsflieger war er zur Wasserkuppe gekommen. [...] [Er] hatte bald erkannt, dass hier ein Weg gefunden und gegangen werden konnte, der die Ausbildung von Piloten trotz der Versailler Bestimmungen ermöglichte und zuließ. Hauptmann Student war der erste, welcher den Gedanken der Schulung auf motorlosen Flugzeugen in die Tat umsetzte."[46]

Gleichzeitig übernahm Kurt Student der Zeitschrift „Flugsport" zufolge die Sportleitung des Rhön-Segelflugwettbewerbs 1921.[47] Außerdem sei er einer der vermeintlichen „deutschen Zivilisten" gewesen, „die in Wirklichkeit Offiziere des Reichswehrministeriums waren" und Aufträge an Konstrukteure wie Junkers, Heinkel und Dornier vergaben.

In der Mitte Arthur Martens und Fritz Stamer

[46] Ebda, S. 43 f.

[47] Ursinus, Oskar (Hg.): Rhönwettbewerb 1921, in: Flugsport, Jahrgang 13, Heft 16, 1921, S. 367.

Kurzbiografie Kurt Student

- 12. Mai 1890: Geburt als Kurt Arthur Benno Student in Birkholz, Ostpreußen, als Sohn von Rittergutsbesitzern
- 1901: Eintritt in die Kadettenanstalt in Potsdam
- ab 1910: Fähnrich des Jäger-Bataillons „Graf Yorck von Wartenburg" Nr.1 der Preußisches Armee; versetzt auf den Flugplatz Johannisthal, um Pilotenausbildung zu absolvieren
- 1913: Prüfung zum Flugzeugführer
- 1914-1918: zunächst bei den Feldfliegern und Kampffliegern eingesetzt; ab Oktober 1916 Führer der Jagdstaffel 9; ab Oktober 1918 Hauptmann; 6 bestätigte Abschüsse; verwundet; u.a. mit beiden Klassen des Eisernen Kreuzes und dem Ritterkreuz ausgezeichnet
- 1922-1928: Beschäftigung in der Inspektion für Bewaffnung und Ausrüstung, die dem Heereswaffenamt unterstand; dort Beteiligung am Aufbau der Geheimen Fliegerschule und Erprobungsstätte der Reichswehr in Lipezk
- 1933-1936: etappenweise Kommandeur der Technischen Schule in Jüterborg, ab 1935 Kommandeur der Fliegererprobungsstelle Rechlin, ab 1936 Kommandeur der Fliegerwaffenschule und Chef des Stabes beim Kommando der Fliegerschule
- 1938: Berufung zum Kommandeur der 3. Flieger-Division und Ernennung zum Generalmajor; Auftrag zur Aufstellung der 7. Flieger-Division
- ab 1939: außerdem Inspekteur der Fallschirm- und Luftlandetruppe im Reichsluftfahrtministerium
- 1939/1940: Teilnahme am Überfall auf Belgien und die Niederlande und infolgedessen Beförderung zum General der Flieger
- 1941: Kommandierender General des XI. Fliegerkorps in der Luftlandeschlacht um Kreta; nach deren Einnahme kurzzeitig Inselkommandant

►

- 1943: Beteiligung seiner Fallschirmjäger am Italienfeldzug und an der geplanten Befreiung Mussolinis
- 1944/1945: Einsätze als Oberbefehlshaber über die Fallschirmtruppen an West- und Ostfront
- 28. Mai 1945: Verhaftung und Verurteilung zu fünf Jahren Haft durch ein Militärgericht wegen Kriegsverbrechen auf Kreta
- 1948: Entlassung aus der Gefangenschaft nach erfolgreicher Berufung
- 1952-1954: Präsident des »Bund Deutscher Fallschirmjäger«
- 1. Juli 1978: Tod im Alter von 88 Jahren

Diese Flugzeugfirmen wiederum bauten Flugzeugtypen, die gegen die alliierten „Begriffsbestimmungen" verstießen, im Ausland.[48]

Die ersten Versuchsschüler dieser von Würdenträgern aus Heereswaffenamt und Reichswehr mindestens billigend beobachteten, wenn nicht aktiv initiierten Pilotenausbildung waren Offiziere und Unteroffiziere aus Fulda. Dies kann als Beleg für das bereits Anfang der 1920er-Jahre erkannte militärische Potential des Segelflugs gelten. Auch Generaloberst Hans von Seeckt besuchte die Wasserkuppe im Herbst 1921. Darüber hinaus gründete Kurt Student 1923 gemeinsam mit Adolf Baeumker und Helmuth Wilberg die „Segelflug GmbH". Baeumker übernahm die Leitung des sogenannten „Propagandaausschusses". Der ehemalige Soldat der Fliegertruppe bekleidete ab 1924 das Amt eines Referenten für technische Fragen der Aufrüstung im Fliegerstab des Truppenamtes. Die beiden Hauptleute der „Segelflug GmbH", Student und Wilberg, wurden dem „Schulungsausschuss" zugeordnet.[49]

[48] Deichmann, Paul: Der Chef im Hintergrund. Ein Leben als Soldat von der preußischen Armee bis zur Bundeswehr, Oldenburg 1979, S. 40.

[49] Ursinus, Oskar (Hg.): Segelflug, in: Flugsport, Jahrgang 15, Heft 1, 1923, S. 9.

Kurt Student mit der Hand am Knüppel, Gottlob Espenlaub ganz rechts im Bild

Die personelle Konstellation der Fliegerausbildung zeigt, dass das sportlich-zivile Element, die Technikbegeisterung sowie das beschworene Gemeinschaftsgefühl bereits vor 1933 für einige Handlungsträger auch Mittel zum Zweck waren, um auf der Wasserkuppe einen Ausrüstungs- und Schulungsort für die neue Luftwaffe zu etablieren.

Während Alexander Lippisch und Gottlob Espenlaub als Konstrukteure auch den harten Winter 1921 auf der Wasserkuppe verbrachten, setzte Fritz Stamer die Konstruktion in den von Friedrich Wenk gegründeten „Weltensegler-Werken" (1922 umbenannt in „Weltensegler-Gesellschaft") in Baden-Baden fort. Im Rahmen des Wettbewerbes von 1922 gelang Arthur Martens im „Vampyr" ein Flug von 66 Minuten Dauer. Friedrich Hentzen blieb bei günstigeren Windbedingungen ein paar Tage spater sogar 186 Minuten in der Luft. Nach diesen Meilensteinen „schloss die erste Periode des Segelfluges mit einer schweren Krise ab, da nach den großen Erfolgen von Martens und Hentzen 1922 und den darauf gesetzten übermächtigen Erwartungen [...] in den beiden folgenden Jahren vielfach eine Enttäuschung eintrat."[50]

[50] Brütting, Georg (Hg.): Segelflug erobert die Welt, München 1944, S. 64 f.

Die – nun wieder motorlos fliegenden – Piloten wurden in der öffentlichen Wahrnehmung als „Kämpfer für eine ‚nationale Utopie'" verstanden, da sie ein „Habitus [umgab], der Potenz, Fortschritt, das Streben nach Entgrenzung und ein Hauch von Mythos" verband.[51] Das Zusammentreffen der Vorstellung einer identitätsstiftenden, deutschen Schicksalsgemeinschaft, der vermeintlichen „nationalen Selbstaufopferung"[52] im Ersten Weltkrieg und der parteienübergreifende Wille zur Revision der „Schmach von Versailles" bereitete gemeinsam mit dem Mythos von der (Rück-)Eroberung des Luftraums einen fruchtbaren Nährboden für die spätere Luftwaffenpolitik im „Dritten Reich".

Die Errichtung des Fliegerdenkmals auf der Wasserkuppe 1923

Nach Kriegsende entstanden verschiedene „kameradschaftliche Vereinigungen" ehemaliger Frontfliegerverbände, die sich bis 1923 zum sogenannten „Ring der Flieger e.V."[53] (oder auch „Fliegerring") zusammenschlossen.[54] Im Jahr 1922 entstand in diesen Kreisen die Idee einer deutschen Fliegergedenkstätte für die im Ersten Weltkrieg gefallenen Fliegerkameraden.

[51] Trittel, Katharina: Krieg und Fliegen. Hundert Jahre nach Versailles, in: Institut für Demokratieforschung online, Juli 2019, URL: https://www.ifdem.de/beitraege/krieg-und-fliegen-hundert-jahre-nach-versailles/#_ftn2 (eingesehen am 09.03.2023).

[52] Ebda.

[53] 1923 gehörten dem „Ring der Flieger e.V." an: Nordbayrischer Luftfahrtverband, Deutscher Luftflottenverein, Verband deutscher Modell- und Segelflugvereine, Mitteldeutscher Flugverband, Aeroclub von Deutschland, Kyffhäuserbund der Deutschen Landes-Krieger-Verbände, Verband Deutscher Luftfahrzeug-Industrieller, Vereinigter Deutscher Flugverband, Deutsche Versuchsanstalt für Luftfahrt, Deutscher Luftfahrer Verband, Bayrische Luftfahrtzentrale, Bayerischer Aeroclub, Automobil- und Flugtechnische Gesellschaft, Deutscher Flugsport-Verband, Bayerischer Fliegerklub, Deutscher Verkehrsbund Abt. Luftfahr-Personal, Wissenschaftliche Gesellschaft für Luftfahrt, Klage der Flieger e. V., Versuchsanstalt für Luftfahrt.

[54] Jenrich, Joachim: Das Fliegerdenkmal auf der Wasserkuppe, in: Rhönline, 2004, URL: https://www.rhoenline.de/fliegerdenkmal.html (eingesehen am 16.03.2023).

Die Wasserkuppe empfahl sich aufgrund der zunehmenden Anziehungskraft für Fliegerinnen und Flieger aus ganz Deutschland als Standort für eine solche. Bereits seit 1920 fand am 28. Oktober – an dessen Todestag – jährlich eine Oswald-Boelcke-Gedenkfeier statt. Der Jagdflieger, der mit der „Dicta Boelcke" theoretische Grundlagen für den Luftkrieg legte, überlebte die Folgen eines Absturzes an diesem Tag im Jahr 1916 nicht. Die Verhandlungen in Bezug auf den Bauantrag führte Oberleutnant der Reichswehr Ottfried Fuchs, gleichzeitig Geschäftsführer des „Ring der Flieger e.V.", gemeinsam mit dem ehemaligen Weltkriegspiloten Johannes Moßner. Moßner entwarf darüber hinaus das sogenannte „Ringhaus", das 1924 nördlich der 1925 durch das „Ursinus-Haus" ersetzten Messerschmitt-Baracke auf der Wasserkuppe fertiggestellt wurde und noch heute Teil des Gebäudekomplexes ist. Das ebenfalls heute noch existierende Denkmal besteht aus einem Bronzeadler auf einer Basaltsäule und verfügt über zwei Bronzetafeln. Auf der großen, ovalen Tafel auf der Vorderseite ist aus der Feder des Oberleutnant Fuchs zu lesen: „Wir toten Flieger bleiben Sieger durch uns allein. Volk, flieg du wieder und du wirst Sieger durch dich allein." Eine zweite, kleine rechteckige Tafel auf der Rückseite trägt die Inschrift „Errichtet vom Ring Deutscher Flieger e.V. 1923".[55] Die Inschrift der großen Tafel muss Joachim Jenrich zufolge „aus dem Geiste jener Zeit" verstanden werden:

> *„1923 [litt] Deutschland noch immer unter den Folgen des verlorenen Ersten Weltkrieges. Um die in Verzug geratenen Reparationsforderungen zu erzwingen, besetzten französische und belgische Truppen das Ruhrgebiet und das Rheinland."*[56]

[55] Ebda.

[56] Ebda.

In diesem revisionistischen, nationalistischen Klima definierten sich einige der durch den als „Schanddiktat“ verstandenen Versailler Vertrag zum Segelflug „gezwungenen“ ehemaligen Weltkriegspiloten als Kämpfer für die nationale Freiheit und für die Stellung Deutschlands in der Welt.

Der Einweihung des Fliegerdenkmals am 30. August 1923 wohnten schätzungsweise 30.000 Menschen bei. Darunter befanden sich der Bruder von Wilhelm II., der flugbegeisterte Prinz Heinrich von Preußen, General Ludendorff, Hauptmann Wilberg, Organisator der neuen Fliegertruppe in der Reichswehr, die Mutter der gefallenen Brüder Manfred und Lothar von Richthofen und insgesamt 34 mit dem Tapferkeitsorden „Pour le Mérite“[57] ausgezeichnete Flieger.

[57] Der Orden „Pour le Mérite“ (französisch: „Für das Verdienst“) wurde zwischen 1740 und 1918 vorwiegend für militärische Leistungen als Tapferkeitsauszeichnung verliehen. 132 Jagdflieger wurden im Ersten Weltkrieg mit dem „Pour le Mérite“ ausgezeichnet, darunter Hermann Göring, Oswald Boelcke und Max Immelmann. Durch die überproportional häufige Verleihung an die heroisierten Kriegsflieger wurde der Orden zu einer bedeutsamen Insignie für die Fliegergemeinschaft nach 1918. Daran knüpften die Nationalsozialisten in ihrer Fliegerpropaganda an.

Der Einweihung des Fliegerdenkmals wohnten 1923 schätzungsweise 30.000 Menschen bei.

In seiner Weiherede sagte der Vorsitzende des Fliegerrings, Generalleutnant Walter von Eberhardt:

> *„Und eigene deutsche Kraft wird es sein, die alle Fesseln, die Schmach und Schande, die Not und Elend uns angelegt haben, wieder sprengen wird. Nach Westen blickt der Adler. Er weist uns den Weg, den wir gehen müssen.“*[58]

Auch dieses Zitat kann als militärische Drohung gen Westen interpretiert werden und so als Beleg für Militarismus und Revisionismus als identitätsstiftende Motive der Segelflugbewegung – nicht nur, aber auch – auf der Wasserkuppe gelten. Weil die Einweihungsfeierlichkeiten während des Rhönwettbewerbs 1923 stattfanden, leisteten auch die Wettbewerbsteilnehmer in Form von Ehrenrunden in der Luft ihren Beitrag zum Gesamtbild jenes 30. August.

Gründung von Martens-Flugschule und Rhön-Rossitten-Gesellschaft

Nach den ersten Schulungsversuchen, die Kurt Student initiiert hatte, führten ab Mai 1923 Fritz Stamer, Alexander Lippisch, Arthur Martens, Friedrich Harth, Wilhelm „Willy“ Emil Messerschmitt – Gründer der „Messerschmitt Flugzeugbau GmbH – sowie Student parallel Schulungskurse auf der Wasserkuppe durch. Messerschmitt errichtete schon 1922 eine Flugschule mit Wohnbaracke und Flugzeughalle, dessen Leiter Wolf Hirth wurde. Jene wurde jedoch 1923 nach einem schweren Sturz Hirths wieder geschlossen.[59] Zu den Schülern zählten Friedrich Radenbach zufolge auch Interessierte aus dem amerikanischen und skandinavischen Ausland. Gemeinsam mit Student seien „einige andere junge Männer gekommen, denen man trotz ihres Räuberzivils ansah, dass sie ganze Kerle waren [...] Außer seinen [Students] Kameraden wusste kein Mensch, dass er den Posten eines Sachbearbeiters für Flugtechnik im Reichs-

[58] Jenrich, Joachim: Das Fliegerdenkmal auf der Wasserkuppe, in: Rhönline, 2004, URL: https://www.rhoenline.de/fliegerdenkmal.html (eingesehen am 16.03.2023).

Ebda.

[59] Ocker, Peter: Hans Jacobs. Pionierleben im Flugzeugbau, Heidenheim 2012, S. 22-25.

wehrministerium innehatte."[60] Weiter schreibt Radenbach 1942 über die im Gefolge Students Anwesenden: „Alle anderen Herren [außer dem 1940 gefallenen Günter Schwartzkopff] befinden sich heute in hohen, maßgeblichen Stellen der Luftwaffe."[61] Auch am Personenkreis, der sich bereits in der ersten Hälfte der 1920er-Jahre für die Ausbildung Jugendlicher zu Piloten engagierte, wird deutlich, dass den Handelnden das militärische Potential des Segelflugs nicht verborgen blieb. Der Schulungsbetrieb wurde dann 1923/1924 in einer Flugschule auf der Wasserkuppe zusammengefasst, deren Leitung Arthur Martens übernahm. Die Schaffung der Flugschule stellte einen weiteren Schritt auf dem Weg zur Vereinheitlichung und Verbreiterung des Ausbildungsbetriebs junger Piloten auf der Wasserkuppe dar. Ab 1924 erhielt sie ein eigenes Gebäude, das in der Nähe, aber nicht als von außen ersichtlicher fester Bestandteil des Komplexes auf der Kuppe errichtet wurde. Damit wurde eine räumliche Distanz zur ehemaligen Messerschmitt-Flugschule gewahrt, auf deren Fundament 1925 das bis heute bestehende „Ursinus-Haus" gebaut wurde.

Im Rahmen des Wettbewerbes 1924 wurde erstmals eine Konkurrenz leichter Motormaschinen angegliedert, die vom Verbot aus den „Begriffsbestimmungen" ausgenommen waren. Entsprechend wandten sich führende Konstrukteure wie Messerschmitt und Espenlaub zunehmend der Konstruktion motorisierter Flugzeugtypen zu. Neben der Wasserkuppe prägte Ferdinand Schulz (1892-1929) mit seinem Weltrekord im Dauerflug im Mai 1924 auch die Kurische Nehrung bei Rossitten in Ostpreußen als Stützpunkt des deutschen Flugsportes. Auf Betreiben des Frankfurter Mäzen Karl Kotzenberg und des Professoren Walter Georgii (1888-1968) wurde die Ross-

[60] Radenbach, Friedrich Wilhelm: Gottlob Espenlaub. Ein Fliegerleben, o.O. 1942, S. 95 ff.

[61] Ebda, S. 48.

itten-Fluggesellschaft am 31. August 1924 mit derjenigen in der Rhön zur „Rhön-Rossitten-Gesellschaft" (kurz RRG) vereinigt.[62] Sie sollte ein Bindeglied zwischen Flugsport und flugwissenschaftlicher Forschung darstellen. 1925 entstand ihre Forschungsabteilung unter Professor Walter Georgii in Darmstadt, die sich der Erforschung meteorologischer und physikalischer Faktoren in Bezug auf das Segelfliegen widmete. Das Forschungsinstitut umfasste unter anderem eine „Strömungsabteilung zur Untersuchung von Luftströmungen an Hindernissen sowie eine wissenschaftliche Flugstelle".[63]

Das 1925 errichtete Ursinus-Haus

Mit seinen Forschungen legte Georgii die Grundlagen für den thermischen Segelflug, wie er ab 1928 überwiegend durchgeführt wurde.[64] Herberge des Forschungsinstituts auf der Wasserkuppe wurde das 1925 errichtete, nach dem „Rhönvater" benannte „Ursinus-Haus". Es war bis 1936 Sitz der Leitung der Rhön-Wettbewerbe und beherbergte gleichzeitig die Abteilung Flugtechnik und Aerodynamik des Forschungsinstituts der RRG. Weiterhin war eine Wetterwarte des Preußischen Meteorologischen Dienstes untergebracht, die ab 1934 als Reichswetterwarte betrieben wurde. Ab 1925 übernahm die RRG außerdem den Schulbetrieb der Martens-Flugschule, die sich als wirtschaftlich unrentabel erwies, sowie von 1925 bis 1933 die Veranstaltung der jährlichen Segelflugwettbewerbe.[65] Martens blieb jedoch Schulleiter, Stamer der führende Fluglehrer.

Das kriegserfahrene Dreigespann Lippisch, Stamer und Martens wirkte entscheidend für die Flugentwicklung auf der Wasserkuppe. Während das

[62] Ebda, S. 127.

[63] Ocker, Peter: Hans Jacobs. Pionierleben im Flugzeugbau, Heidenheim 2012, S. 31.

[64] Georgii, Walter: Forschen und Fliegen, o. O. 1954, S. 140.

[65] Ocker, Peter: Hans Jacobs. Pionierleben im Flugzeugbau, Heidenheim 2012, S. 29.

spätere NSDAP-Mitglied Ursinus das öffentlich zivile „Gesicht des Rhön-Segelflugs“ repräsentierte, engagierte sich Stamer in der Martens-Flugschule. Dort etablierte er die Pilotenausbildung im Einsitzer mit A-, B-, und C-

Kurzbiografie Alexander Lippisch

- 2. November 1894: Geburt von Alexander Martin Lippisch als Sohn eines Malers in München
- 1915-1918: Luftbildfotograph und -kartograph im Ersten Weltkrieg
- ab 1919: Aerodynamiker bei den Zeppelin-Werken unter Claude Dornier
- ab 1924: Leiter des Forschungsinstituts der „Rhön-Rossitten-Gesellschaft“; Spezialisierung auf die Konstruktion schwanzloser Flugzeuge wie die „Storch-Serie“ und die „Delta-Serie“; aerodynamische Innovationen wie die Flügelrandklappen („Lippisch-Ohren“)
- 1928: erster bemannter Raketenflug mit dem von ihm konstruierten Modell „Ente“ auf der Wasserkuppe
- 1939: Angliederung seines Konstruktionsbüros an die Messerschmitt-Werke in Augsburg, um Raketenflugzeuge zu Abfangjägern mit Raketenantrieb weiterzuentwickeln („Projekt X“); Mitarbeit an der Messerschmitt Me 163
- 1943: Versetzung an das „Luftfahrt-Forschungsinstitut“ nach Wien und Forschung an den Nurflügel- und Delta-Flugzeugen
- nach 1945: im Rahmen der „Operation Paperclip“ von den USA rekrutiert und als Berater für das „Navy Air Material Center“ eingesetzt
- 1950-1964: Arbeit bei der „Collins Radio Company“ sowie an den Projekten „Aerodyne“ und „Aerofoil“
- 11. Februar 1976: Tod des Pioniers für Delta- und Überschallflugzeuge in Iowa, USA

Prüfung, die auch nach 1945 in dieser Form weiter angewandt wurde.[66] Lippisch wiederum – der Kopf hinter den bahnbrechenden technischen Innovationen – leitete das Konstruktionsbüro der RRG. Das enge Verhältnis zwischen dem ehemaligen Offizier Martens, dem ehemaligen Luftbildkartograph Lippisch und dem ehemaligen Feldpiloten Stamer ist nicht zuletzt daran zu erkennen, dass Lippisch 1926 Käthe, die Schwester seines Freundes Fritz Stamer heiratete. Stamer wiederum heiratete nach dem Zweiten Weltkrieg die Witwe von Arthur Martens.

Mit dem Pariser Luftfahrtabkommen vom 21. Mai 1926 nahmen die westalliierten Siegermächte des Ersten Weltkrieges die 1922 in Kraft getretenen Beschränkungen für die zivile Luftfahrt in Deutschland zurück. Von besonderer ökonomischer Brisanz war die Fusion der „Deutschen Aero Lloyd" mit „Junkers Luftverkehr" zur „Deutschen Luft Hansa AG", dem damals größten Luftfahrtunternehmen der Welt im gleichen Jahr. Darüber hinaus entstanden fünf Verkehrsfliegerschulen in Berlin-Staaken, Braunschweig, List auf Sylt, München-Schleißheim und Warnemünde. Das Aufstellen einer Luftwaffe hingegen blieb verboten, die Zahl der Reichswehrangehörigen, denen es erlaubt war, im Privaten Sportfliegerei zu betreiben, auf 72 beschränkt.

Nach dieser Phase der organisatorischen Konsolidierung der Wasserkuppen-Flieger gehörten zahlreiche Weltrekorde im Höhen-, Strecken- und Dauerflug zu den fliegerischen Meilensteinen der zweiten Hälfte der 1920er-Jahre. Professor Georgii begann nach den Flugerfahrungen Max Kegels in einem Gewitter – dem sein Abenteuer den Spitznamen „Gewittermaxe" einbrachte – die theoretischen Grundlagen zu Wolken- und Gewitterflügen in thermischen Aufwinden zu erforschen.[67] Sie basieren auf den Temperaturdifferenzen der Luftmassen. Die durch die Sonneneinstrahlung erwärmte, auf der Erdoberfläche aufliegende Luft steigt wegen

Alexander Lippisch (rechts) im Gespräch mit Fritz Stamer

[66] Für den A-Segelflugschein musste ein Anwärter einen Geradeausflug von 30 Sekunden absolvieren, die B-Prüfung umfasste bereits fünf Kurvenflüge von je einer Minute. Inhalt der C-Prüfung war ein Flug von mindestens fünf Minuten mit dauernder Startüberhöhung.

[67] Radenbach, Friedrich Wilhelm: Gottlob Espenlaub. Ein Fliegerleben, o.O. 1942, S. 161.

ihrer geringeren Dichte auf. Dieses Phänomen ist besonders unter Cumuluswolken (Quell- oder Schönwetterwolken) zu beobachten. Bei aufziehenden Gewittern sind die thermischen Aufwinde besonders stark und resultieren in mehrere Kilometer hohen Bewölkungsformen (Cumulonimbus). Kegel gelang an jenem Tag im Gewitter ein Flug von 55 Kilometern Strecke.

Die technischen Innovationen, die den Wasserkuppen-Fliegern in den 1920er- und frühen 1930er-Jahren gelangen, waren von epochaler Bedeutung nicht nur für die Flug-, sondern für die gesamte Technikgeschichte. Die Drei-Achsen-Steuerung, durch die ein Flugzeug durch Quer-, Seiten- und Höhenruder simultan um eine oder mehrere Achsen drehen kann, machten Flugzeuge für die Piloten erst richtig steuerbar. Nicht erst als es mit Charles Lindbergh 1927 einem Amerikaner gelang, erstmals den Atlantik zu überfliegen, wurden in der Luft errungene Rekorde und Höchstleistungen wichtiger Teil nationalen Prestiges in der Welt. Die Wasserkuppen-Flieger nahmen bereits 1923 in Wien und 1925 auf der Krim an internationalen Wettbewerben teil. Ein entscheidender Schritt auf dem Weg zur Eroberung des Weltraums gelang den Deutschen am 10. und 11. Juni 1928 auf der Wasserkuppe: Die Raketenforscher Max Valier, Fritz von Opel und Friedrich Sander kooperierten bei ihrem Raketenprojekt mit Alexander

Der Name "Opel" auf dem Raketenflugzeugmodell zeigt, wer die Raketentests auf der Wasserkuppe in den 1920er-Jahren finanziert hat.

Lippisch und Fritz Stamer. An Lippischs schwanzlosem Modell „Ente“ wurden zwei in Wesermünde hergestellte Raketen befestigt. Fritz Stamer absolvierte an jenen Junitagen den ersten bemannten Raketenflug der Menschheit.[68] In seiner propagandistisch gefärbten Geschichte des Fliegens auf der Wasserkuppe aus dem Jahr 1933 mit dem Titel „Zwölf Jahre Wasserkuppe“ schreibt er hierzu:

> *„Es folgten jetzt eine Reihe von Flügen über dem Motorlandeplatz bis zu einer Dauer von 80 Sekunden, da die ‚Ente‘ nur den Einbau von zwei Raketen gestattete, die nacheinander gezündet wurden.“*[69]

Darüber hinaus hatte Lippischs Forschung eine immense Bedeutung für die Entwicklung der dreieckigen Deltaflügel und den Überschallflug. Auch die Brüder Reimar und Walter Horten erprobten ihre frühen Modelle auf der Wasserkuppe. So brachten sie beispielweise das Nurflügel-Segelflugzeug „Horten H I“ gegen Ende des Wettbewerbs von 1933 per Flugzeugschlepp auf den „Berg der Flieger“, wo es nach einigen Flügen mit dem Konstruktionspreis ausgezeichnet wurde. Diese Beispiele der nationalen Strahlkraft der Segelflugbewegung verdeutlichen, „wie Wissenschaft zur Projektionsfläche neuer nationaler Souveränität wurde und eine immense politische Aufladung erfuhr.“[70]

Indes formierte sich der Schulungsbetrieb inhaltlich und organisatorisch: Im Jahr 1927 wurden bereits 91 A-, 95 B- und 17 C-Prüfungen absolviert.[71] Der Segelfluggedanke verbreitete sich auf nationaler wie internationaler Ebene und brachte in Deutschland – trotz der noch geltenden Verbote – nicht nur neue Flugbegeisterungen in überall gegründeten Flugvereinen hervor,

[68] Jenrich, Joachim: Raketenflug in der Rhön, in: Rhönline, o.Z., URL: https://www.rhoenline.de/raketenflug.html (eingesehen am 17.03.2023).

[69] Stamer, Fritz: Zwölf Jahre Wasserkuppe, Berlin 1933, S. 156.

[70] Trittel, Katharina: Krieg und Fliegen. Hundert Jahre nach Versailles, in: Institut für Demokratieforschung online, Juli 2019, URL: https://www.ifdem.de/beitraege/krieg-und-fliegen-hundert-jahre-nach-versailles/#_ftn2 (eingesehen am 09.03.2023).

[71] Luftsportzentrum Wasserkuppe: Über 100 Jahre Flugsportgeschichte auf der Wasserkuppe, in: Fliegerschule Wasserkuppe online, o.Z., URL: https://fliegerschule-wasserkuppe.de/geschichte-luftsport-wasserkuppe/ (eingesehen am 28.03.2023).

Günther Groenhoff (rechts), hier im Gespräch mit Peter Riedel

sondern auch potentielle Piloten. Die Wasserkuppe kann hierbei als Ort des Austausches gelten, der sich multiplikativ auf diese Entwicklung auswirkte.

In den Jahren 1929 bis 1931 gelangen die ersten Segelflüge von über 100 Kilometern Strecke, wobei besonders Günther Groenhoff (1908-1932) durch seine fliegerischen Leistungen herausstach. Dieser testete auch gemeinsam mit Dittmar und Nehring am Forschungsinstitut des RRG die von Lippisch konstruierten schwanzlosen Modelle. Mit Ferdinand Schulz (gestorben 16. Juni 1929), Johannes „Bubi" Nehring (gestorben 16. April 1930) und Günther Groenhoff (gestorben 23. Juli 1932) verunglückten in diesen Jahren gleich drei der herausragenden, heroisierten Piloten aus der Fliegergemeinschaft tödlich. Ihre Tode verfestigten das an das Erbe Lilienthals angelehnte Selbstverständnis der Flieger, dass Opfer im „Dienste des Vaterlandes" gebracht werden müssten.

Fliegende Frauen

Zum Erbe des Ersten Weltkrieg gehörte auch eine enge Bindung des Pilotenbegriffs an das Männliche und Militärische, woraufhin die zahlenmäßige Dominanz der Männer im Flugwesen weiter zunahm. Nichtsdestotrotz waren in der Zeit zwischen den Kriegen etwa 100 motorfliegende und mehrere Hundert segelfliegende Frauen im Flugsport, teils sogar im noch jungen Fallschirmsport, aktiv. Zu den bekanntesten und begabtesten deutschen Sport-, Kunst- und Reklamefliegerinnen gehörten Marga von Etzdorf, Antonie Straßmann, Elly Beinhorn, Thea Rasche, Liesel Bach, Vera von Bissing und Beate Uhse. Der Historikerin Evelyn Zegenhagen zufolge seien einzig Hanna Reitsch (1912-1979) und Melitta Schiller (1903-1945), verheiratete Gräfin Schenk von Stauffenberg, Ausnahmen von dieser rein sportlich-zivilen Definition gewesen. Reitsch, später Partnerin von Ritter von Greim[72], der nach der Ablösung Görings 1945 wenige Wochen Oberbefehlshaber der Luftwaffe war, entwickelte sich nach 1933 zur Gallionsfigur der nationalsozialistischen Propaganda. Sie wirkte zunächst als „festangestellte zivile und später als militärische Versuchsfliegerin“.[73] Einige der Fliegerinnen flogen zwischen 1920 und 1939 auch auf der Wasserkuppe. Die bekannten Fliegerinnen der Zwischenkriegsepoche verbanden hierbei weniger individualbiographische Gemeinsamkeiten als die flugsportliche Betätigung als Zeit der

[72] Robert Greim, ab 1918 Ritter von Greim, geboren 1892, wurde im Ersten Weltkrieg nach freiwilliger Meldung zum Flugzeugbeobachter und Piloten ausgebildet. Ab 1917 war er in der Jagdstaffel 34 eingesetzt. Nach 28 Luftsiegen wurde ihm der Orden „Pour le Mérite“ verliehen. Infolge der Auszeichnung mit dem „Militär-Max-Jospeh-Orden“ wurde Greim außerdem in den Adelsstand erhoben. Im Rahmen von Flugdiensten war er 1920 am antirepublikanischen Kapp-Putsch beteiligt. Ab 1927 leitete von Greim die zivile Fliegerschule in Würzburg und bildete dort unter anderem Elly Beinhorn aus.

[73] Zegenhagen, Evelyn: „Schneidige deutsche Mädel“. Fliegerinnen zwischen 1918 und 1945, Göttingen 2007, S. 14.

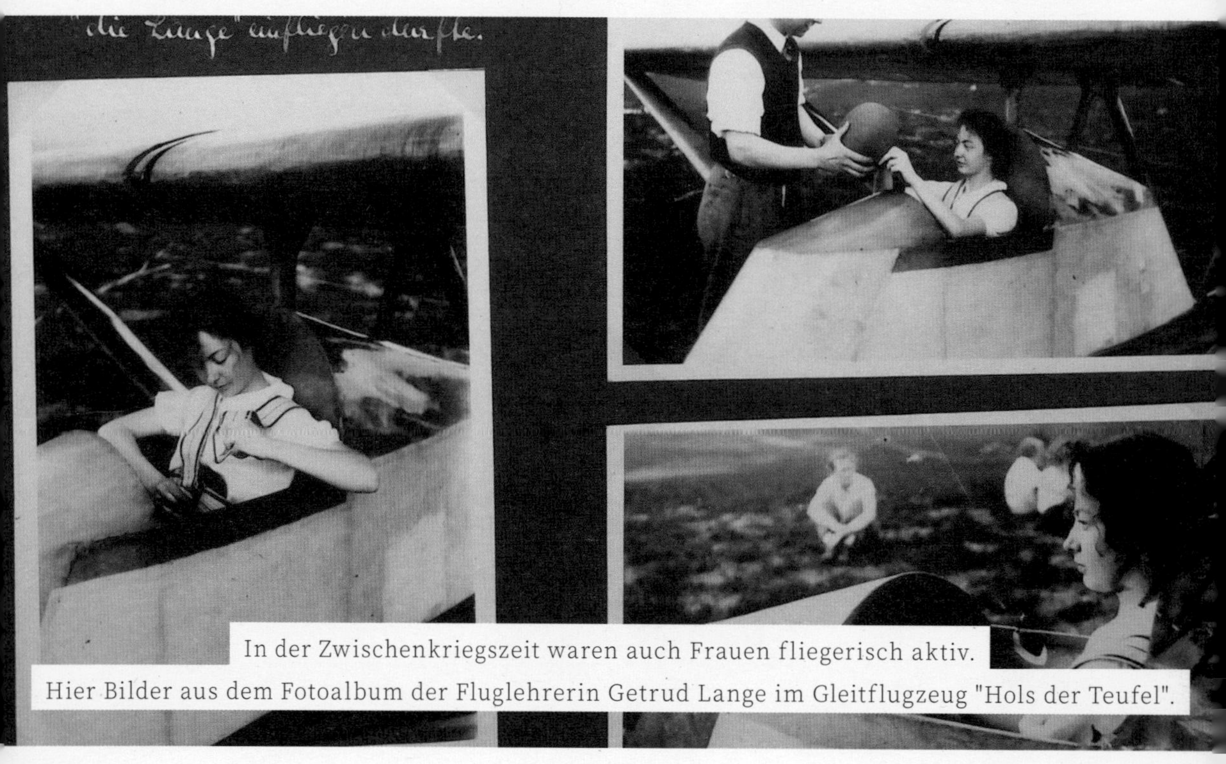

In der Zwischenkriegszeit waren auch Frauen fliegerisch aktiv.
Hier Bilder aus dem Fotoalbum der Fluglehrerin Getrud Lange im Gleitflugzeug "Hols der Teufel".

Selbstbestimmung vor der Heirat. Nach der Machtübernahme der Nationalsozialisten blieb den Frauen die Wahl zwischen der Unterordnung unter die patriarchalen Strukturen, die einem Ende ihres Fliegens gleichkam, oder einem Schulterschluss mit dem Regime.[74] In dieser Phase „verebbte jede emanzipatorische Schubkraft [aus der Weimarer Republik] oder wurde propagandistisch in Richtungen gelenkt, die mit den Zielen des Staates konform gingen", sodass die Fliegerinnen „jeden individuellen Spielraum" verloren.[75] Hierbei bleibt jedoch anzumerken, dass die sportliche Betätigung aller Menschen – unabhängig von deren Geschlecht – im „Dritten Reich" zum gesamtgesellschaftlichen Dienst an der sogenannten „Volksgemeinschaft" stilisiert und somit zur staatsbürgerlichen Pflicht erhoben wurde.

Hanna Reitsch beim Rhöwettbewerb 1936 im Segelflugzeug "Sperber Junior".

Mit Hanna Reitsch, Elly Beinhorn (1907-2007) und Thea Rasche (1899-1971) wirkten einige Fliegerinnen auch nach dem 30. Januar 1933 als populäre Werbe- und Propagandafiguren im In- und Ausland. So war Reitsch als Pilotin an der Produktion des Propagandastreifens „Rivalen der Luft – ein Segelfliegerfilm" aus dem Jahr 1934 beteiligt. Sie war darüber hinaus ab Juni 1934 bei der 1927 gegründeten „Deutschen Forschungsanstalt für Segelflug" (DFS) bei Professor Georgii als Testpilotin angestellt, wo sie „meteorologische Flüge durchzuführen [hatte], Strecken- und Höhenflüge, bei denen [verschiedene] Messungen gemacht wurden."[76] Reitsch erlernte das Fliegen mehrmotoriger Flugzeuge, engagierte sich für die Erprobung dieser Flugzeuge und erhielt als erste Frau den Titel „Flugkapitän". Am 27. März 1941 wurde ihr für ihre fliegerischen Rekorde

[74] Ebda, S. 16-22.

[75] Ebda, S. 190.

[76] Reitsch, Hanna: Fliegen – mein Leben. Testpilotin im Dritten Reich, Stuttgart 1951, S. 129.

im Beisein Adolf Hitlers in Berlin von Hermann Göring das Flugzeugführer- und Beobachterabzeichen in Gold mit Brillanten verliehen, im selben Jahr erhielt sie das Eiserne Kreuz II. Klasse, 1942 das Eiserne Kreuz I. Klasse.

Reitsch setzte sich ab Ende des Jahres 1943 für den Einsatz sogenannter „Selbstopfer-Flugzeuge" nach japanischem „Kamikaze"-Vorbild ein. Der Tod des Piloten wurde bei dieser Praxis in Kauf genommen. Das Projekt wurde jedoch ob des erheblichen Widerstandes in der Luftwaffenführung nicht umgesetzt. Trotz der enormen Popularität einzelner Fliegerinnen verdrängte die Stabilisierung des nationalsozialistischen Frauenbildes der treusorgenden Hausfrau und Mutter die Mehrzahl der noch fliegerisch aktiven Frauen sukzessive aus dem öffentlichen Leben. So zog sich beispielsweise Elly Beinhorn, der 1936 Rekordflüge über bis zu drei Kontinente in 24 Stunden gelangen, nach ihrer Heirat mit dem bekannten Rennfahrer Bernd Rosemeyer 1936 in der zweiten Hälfte der 1930er-Jahre zunehmend ins Private zurück. Nach Kriegsbeginn wurden dann einige Fliegerinnen wie Bach, von Bissing, Schwab, Uhse und Beinhorn als Pilotinnen bei Überführungsflügen eingesetzt.[77] Zegenhagen bilanziert, die „individuelle Eingliederung der deutschen Sportfliegerinnen in das politische System" habe meist zu ihrem „individuellen Scheitern" wegen „politischer Vereinnahmung und schließlich Absorption durch das Regime" geführt.[78]

Die Flugpioniere auf der Wasserkuppe und die NSDAP vor 1933

Die Idee eines „neuen Menschen", der sich auch über den technischen Fortschritt definierte, entsprach dem Zeitgeist der 1920er- und frühen 1930er-Jahre und wurde nicht nur von der politisch extremen Rechten beschworen. Dennoch erwies sie sich im Zusammenspiel mit dem Heldenkult, dem national-patriotischen Zusammengehörigkeitsgefühl unter den Fliegern sowie der Flugbegeisterung im sozialdarwinistischen Sinne eines „Überlebenskampfes der Völker" als anschlussfähig an die national-

[77] Zegenhagen, Evelyn: „Schneidige deutsche Mädel". Fliegerinnen zwischen 1918 und 1945, Göttingen 2007, S. 316.

[78] Ebda, S. 327.

Elemente der NS-Ideologie: Sozialdarwinismus

Unter dem Begriff »Sozialdarwinismus« versteht man eine in der zweiten Hälfte des 19. Jahrhunderts entstandene Gesellschaftsvorstellung, in der das Leben als »Kampf ums Dasein« zwischen verschieden wertigen Menschengruppen aufgefasst wird. Diese Vorstellung bedient sich der Evolutionstheorie von Charles Darwin. Darwins Forschungen belegten, dass in der Natur durch natürliche Selektion diejenigen Individuen eine höhere Überlebenschance haben, die besser an die Umweltbedingungen angepasst sind. Sozialdarwinisten übertragen die naturwissenschaftlichen Erkenntnisse Darwins auf menschliche Gesellschaften und definieren in ihnen verschiedene Rassen von Menschen, die ums Überleben kämpfen. Auf sozialdarwinistischen Glaubenssätzen beruhten im Nationalsozialismus Rasselehre und Rassenhygiene (Eugenik). Dem vermeintlich überlegenen »Arier« wurde hierbei vor allem der vermeintlich minderwertige Jude gegenübergestellt.

[1] Lenzen, Manuela: Was ist Sozialdarwinismus?, in: Bundeszentrale für politische Bildung online, Oktober 2015, URL: https://www.bpb.de/themen/rechtsextremismus/dossier-rechtsextremismus/214188/was-ist-sozialdarwinismus/ (eingesehen am 11.04.2023).

sozialistische Ideologie.[79]

Besonders wirkmächtig inszenierte sich Adolf Hitler (NSDAP) schon im Wahlkampf der Reichspräsidentenwahl 1932 mit seiner Kampagne, die doppeldeutig den Titel „Hitler über Deutschland" trug. Als Sinnbild für Modernität und Potenz des angestrebten Staates reiste er bewusst im Junkers-Flugzeug. Zur Reichstagswahl im Juli 1932 wurden auch auf der Wasserkuppe Wahlurnen aufgestellt. Während die NSDAP im landesweiten Durchschnitt mit 37 Prozent der Stimmen zwar auch als stärkste Kraft aus der Wahl hervorging, erhielt sie von den Flugbegeisterten auf der Wasser-

[79] Trittel, Katharina: Krieg und Fliegen. Hundert Jahre nach Versailles, in: Institut für Demokratieforschung online, Juli 2019, URL: https://www.ifdem.de/beitraege/krieg-und-fliegen-hundert-jahre-nach-versailles/#_ftn2 (eingesehen am 09.03.2023).

kuppe mehr als 50 Prozent der Stimmen.[80] Fritz Stamer – zu diesem Zeitpunkt Leiter der Segelflugschule auf der Wasserkuppe – trat am 1. August 1932 in die NSDAP ein (Mitgliedsnummer 1.145.800) und wurde im selben Jahr Angehöriger der SA.

Viele der nach Kriegsende im Militär oder im Dunstkreis des Militärs Verbliebenen, die schon zu Beginn der Weimarer Republik gegen das Verbot der Militärluftfahrt agitierten, zeigten sich für das politische Programm der erstarkenden NSDAP empfänglich. Es vereinte unter anderem sozialdarwinistische sowie revisionistische Elemente und war vom Ideal einer exklusiven, rassisch homogenen Volksgemeinschaft geprägt.

Bereits vor dem Erstarken der NSDAP ab etwa 1930 beeinflussten Nationalismus, Militarismus, Revisionismus und die Vorstellung der Zugehörigkeit zu einer elitären Gruppe das Selbstverständnis und die Ausbildungspraxis von Fliegern auf der Wasserkuppe. In seinem 1920 erschienenen Kriegstagebuch mit dem Titel „In Stahlgewittern" verdichtet Ernst Jünger die Idee des „neuen Menschen" auf „eine Gestalt im Werkanzug, mit dem wie in Stein geschnittenen Gesicht unter der Lederkappe. Pflicht und Dienst, Intelligenz und Fähigkeit, Charakter und Herz gaben diesem jungen Gesichte früh seine Form."[81] Vergleicht man diese Darstellung mit derjenigen von Fliegern in der nationalsozialistischen Propaganda der 1930er-Jahre, so sind erschreckende Kongruenzen festzustellen. Das politische Milieu, in dem sich eine Vielzahl der Flugbegeisterten in Deutschland und auf der Wasserkuppe vor dem 30. Januar 1933 bewegten, muss also als durchaus fruchtbarer Nährboden für weite Teile der im Laufe der Jahre 1933/1934 zur Staatsdoktrin erhobenen nationalsozialistischen Ideologie gelten.

[80] Fritzsche, Peter: „Airmindedness" – der Luftfahrtkult der Deutschen zwischen der Weimarer Republik und dem Dritten Reich, in: Trischler, Helmuth u.a. (Hg.): Ein Jahrhundert im Flug. Luft- und Raumfahrtforschung in Deutschland 1907–2007, Frankfurt 2007, S. 93.

[81] Jünger, Ernst: In Stahlgewittern, o.O. 1920, S. 97.

Nationalsozialistische Deutsche Arbeiterpartei (NSDAP) und Sturmabteilung (SA)

Die »Deutsche Arbeiterpartei« (DAP) wurde im Januar 1919 unter dem Eindruck der Kriegsniederlage und der Novemberrevolution in München gegründet und war zunächst lediglich eine von vielen antisemitisch und völkisch geprägten Splittergruppen, die gegen die Weimarer Republik agitierten. Schon bald aber verschafften begabte Redner wie Adolf Hitler der Partei zunehmend Popularität. 1920 wurde die Partei in »Nationalsozialistische Deutsche Arbeiterpartei« (NSDAP) umbenannt. Die »Sturmabteilung« (SA) – der paramilitärische Verband der NSDAP – verschaffte der Partei auch auf den Straßen Präsenz. Nach einem gescheiterten Putschversuch im Jahre 1923 wurde die Partei verboten und Hitler zu fünf Jahren Festungshaft verurteilt. Nachdem er in der Haft große Teile seiner politischen Programmschrift »Mein Kampf« verfasst hatte, wurde er wegen guter Führung bereits nach acht Monaten wieder entlassen.
Nach der Neugründung der Partei und ihrer straffen Organisation nach dem »Führerprinzip« verfolgte die NSDAP ab 1925 die sogenannte »Legalstrategie«. Die Funktionäre gedachten, sich der Institutionen des demokratischen Rechtsstaates zu bedienen, um so vermeintlich auf legalem Wege an die Macht zu gelangen. Trotz eines beträchtlichen Mitgliederzuwachses erreichte die NSDAP bei der Reichstagswahl 1928 lediglich 2,6 Prozent der Stimmen. In den folgenden Jahren entwickelte sie sich jedoch, begleitet vom Straßenterror der SA, zu einem Sammelbecken von Opfern der Weltwirtschaftskrise und Gegnern der parlamentarisch-demokratischen Republik von Weimar. Nach Stimmengewinnen bei den Reichstagswahlen 1930 (18,3%) sowie im Juli 1932 (37,4%) ernannte der greise Reichspräsident Paul von Hindenburg Hitler schließlich am 30. Januar 1933 zum Reichskanzler. Als zentrales Organ der nationalsozialistischen »Politik der Straße« spielte die Sturmabteilung eine entscheidende Rolle bei der Erlangung und Festigung der Macht durch die Nationalsozialisten. Aus machtpolitischem Kalkül ließ Hitler die SA-Führung um Ernst Röhm im Sommer 1934 ermorden.

Elemente der NS-Ideologie: Volksgemeinschaft

Die Vorstellung einer rassisch homogenen, klassenlosen »Volksgemeinschaft« avancierte zur wirkmächtigsten Formel der nationalsozialistischen Propaganda. Sie wurde gespeist durch rassistische, völkische, sozialdarwinistische und antisemitische Denkmuster. Menschen, die als rassisch minderwertig oder »gemeinschaftsfremd« definiert wurden, sollten aus dieser Gemeinschaft ebenso wie politische Gegner radikal ausgeschlossen werden. Ziel war es, die Lebensfähigkeit der sogenannten »arischen Rasse« zu sichern. Die Verheißungen der »Volksgemeinschaft« als Ideal der künftigen sozialen Ordnung mobilisierten Millionen von Deutschen zum Eintritt in die NS-Massenorganisationen und bildeten das entscheidende integrative Moment im »Dritten Reich«.

»Das deutsche Volk muss ein Volk von Fliegern werden«

Credo von Hermann Göring
ab 1933 Reichsluftfahrtminister,
ab 1935 Oberbefehlshaber der Luftwaffe

Teil 3

1933 bis 1945

Die Wasserkuppe unterm Hakenkreuz: Strategien und Umsetzung der nationalsozialistischen Jugendverführung durch das Fliegen

Gleichschaltung im Flugsport

Obwohl es Deutschland bereits vor 1933 gelang, „allen Verboten und hemmenden Tarnmaßnahmen zum Trotz die Entwicklung eigener Kriegsflugzeuge dem technischen Entwicklungsstand ausländischer Luftwaffen wieder anzugleichen", stellte die Ernennung Adolf Hitlers zum Reichskanzler am 30. Januar 1933 eine entscheidende Zäsur dar – sowohl für die sportlich-zivile Seite des Flugsportes als auch für die Entwicklung der Luftwaffe.[82] Der Leitspruch Görings, das deutsche Volk müsse ein „Volk von Fliegern" werden, wurde von den Nationalsozialisten zur Staatsdoktrin erhoben.[83] Entgegen eigener Aussagen war die technische und sportliche Faszination des Fliegens hierbei jedoch stets Mittel zum Zweck der Jugendverführung, während das eigentliche Interesse der nationalsozialistischen Führungsebene rein der militärischen Nutzbarkeit des Fliegens galt. Die militärische Notwendigkeit von Luftstreitkräften war vor dem Hintergrund der Erfahrungen aus dem Ersten Weltkrieg international anerkannt. Das Ziel des Weltanschauungs- und Eroberungskrieges, das bereits aus Hitlers politischer Programmschrift „Mein Kampf" von 1925 herauszulesen war, wäre ohne Luftstreitkräfte nicht denkbar gewesen.[84] Wie bereits darge-

[82] Schliephake, Hanfried: Wie die Luftwaffe wirklich entstand. Der Aufbau zwischen den beiden Weltkriegen, Stuttgart 1972, S. 39 f.

[83] Reichsamt Deutsches Volksbildungswerk (Hg.): Fliegen – Deutsches Schicksal, Berlin 1941, S. 4.

[84] Zehnpfennig, Barbara: Hitlers „Mein Kampf" – ein unterschätztes Buch, in: Bundeszentrale für politische Bildung online, Dezember 2015, URL: https://www.bpb.de/themen/rechtsextremismus/dossier-rechtsextremismus/216612/hitlers-mein-kampf-ein-unterschaetztes-buch/ (eingesehen am

stellt, hatte die Reichswehrführung zwischen 1920 und 1933 ein „Fundament geschaffen, auf dem 1933 die Fortführung der Errichtung einer [sogenannten] ‚Friedensfliegerwaffe' […] durchgeführt werden konnte."[85] Einzelne Narrative, die an die nationalsozialistische Ideologie anschlussfähig waren, fanden bereits Eingang in das Selbstverständnis der Fliegergemeinschaft und verdichteten sich zu einer umfassenden Weltanschauung. Die verantwortlichen NS-Funktionäre fanden 1933 also auch durch das Zutun einiger Fliegenden auf der Wasserkuppe durchaus günstige Ausgangsbedingungen für ihre künftige Luftwaffenpolitik vor.

Nach jenem 30. Januar unterstanden dem ehemaligen Jagdflieger Hermann Göring – nun Reichskommissar für Luftfahrt – fortan die Dienststellen der Zivilluftfahrt und des Luftsportes, während die Militärluftfahrt dem Reichswehrministerium unter Minister Werner von Blomberg unterstellt blieb. Göring ernannte mit Erhard Milch den Direktor der „Lufthansa" zu seinem Stellvertreter. Mit der sogenannten „Gleichschaltung" verfolgten die NSDAP-Funktionäre in der Frühphase des Regimes das Ziel einer vollständigen, ausnahmslosen Ein- und Unterordnung aller wirtschaftlichen, politischen, gesellschaftlichen und kulturellen Kräfte in NS-Organisationen. So sollte jeglicher Widerstand gegen die sogenannte „nationale Erhebung" im Keim erstickt werden. Für den Flugsport bedeutete das eine Überführung von Flugmaterial, Vereinskapital und Mitgliedern in den „Deutschen Luftsport-Verband" (DLV), der am 25. März 1933 aus dem „Deutschen Luftfahrt-Verband" geschaffen wurde. Der neue Luftsport-Verband wurde dem im April 1933 gegründeten Reichsluftfahrtministerium unter Göring direkt angegliedert. Auch der zentrale Fliegerführungsstab im Reichswehrministerium – gerade erst unter dem Tarnnamen „Luftschutzamt" geschaffen – wurde in das Reichsluftfahrtministerium überführt und erhielt fortan den Namen „Luftkommandoamt".

Der zukünftige Einsatz von Piloten im militärischen Kontext wurde also bereits 1933 organisatorisch angelegt. Am 1. September 1933 folgte die Neugliederung des Reichsluftfahrtministeriums, durch die Erhard Milch zum „Staatssekretär der Luftfahrt" aufstieg. Milch waren fortan die Ämter Luftkommandoamt

20.04.2023).

[85] Schliephake, Hanfried: Wie die Luftwaffe wirklich entstand. Der Aufbau zwischen den beiden Weltkriegen, Stuttgart 1972, S. 41.

(im Grunde ein getarnter Generalstab der Luftwaffe), Allgemeines Luftamt, Technisches Amt, Luftwaffenverwaltungsamt, Luftwaffenpersonalamt und die Zentralabteilung des Ministeriums untergeordnet. Am 1. April 1934 begann die Aufstellung des ersten Jagdgeschwaders 132 bei Berlin unter Kommandeur Ritter von Greim, das wiederum 1935 den Traditionsnamen „Jagdgeschwader Richthofen“ erhielt. Zwischen dem 1. März 1934 und dem 30. September 1935 verzehnfachten die nationalsozialistischen Machthaber den Bestand an Frontflugzeugen innerhalb von nur 18 Monaten.[86]

Im Zuge der „Gleichschaltung“ wurde auch die „Rhön-Rossitten-Gesellschaft“ am 1. Juni 1933 aufgelöst und in den „Deutschen Luftsport-Verband“ (DLV) eingegliedert. Präsident des DLV wurde mit Bruno Loerzer einer der ehemaligen Fliegerkameraden Görings aus dem Ersten Weltkrieg, der bereits zur Finanzierung früherer Wettbewerbe in der Rhön persönlich beigetragen hatte. Die Forschungsanstalt unter Führung von Professor Georgii fand

[86] Ebda. S. 43-47.

In Uniform: Fritz Stamer (Zweiter von links), Bruno Loerzer (Dritter von Links) Oskar Ursinus (Fünfter von links) und Erhard Milch (im Vordergrund)

unter dem Namen „Deutsches Forschungsinstitut für Segelflug" (DFS) ebenfalls einen Platz im DLV, genauer gesagt am Standort Darmstadt-Griesheim. Auch die Flugtechnische Abteilung um Alexander Lippisch agierte von nun an aus Darmstadt. Die überschaubare Personengruppe um den Segel- und Motorflug mit Zentrum in der Rhön, die sich in Teilen bereits im Ersten Weltkrieg von 1914 bis 1918 als Kriegskameraden gefunden und bis 1933 erweitert und gefestigt hatte, blieb also auch nach 1933 weitestgehend bestehen. Dennoch erodierte die althergebrachte Personenkonstellation – der „Motor" des Fliegens auf der Wasserkuppe – bestehend aus dem Dreigespann Stamer, Martens und Lippisch infolge der nationalsozialistischen Machtübernahme. Lippisch folgte der „Flugtechnischen Abteilung" des DFS nach Darmstadt, Stamer nahm 1934 den Ruf als Referent für Segelflug beim Reichsluftsportführer in Berlin an.[87] Auch der Schulflugbetrieb auf der Wasserkuppe wurde dem DLV angegliedert und unter die Führung Georgiis gestellt, der die Leitung des gesamten Segelflugs im DLV übertragen bekam. Aus der Flugschule der RRG entstand die „Reichssegelflugschule Wasserkuppe". In der entsprechenden (letzten) Pressemitteilung der RRG ist hierzu zu lesen:

> *„Heute ist der Segelflug nicht mehr beschränkt auf einen kleinen Kreis flugbegeisterter Sportsleute; er ist vielmehr im Begriff ein Massensport der Jugend zu werden. Das deutsche Volk auf solchem Wege zu einer luftfahrttreibenden Nation zu machen, ist die große Aufgabe, die nun dem Deutschen Luftsportverband obliegen wird."*[88]

Von nun an übernahm der DLV außerdem die Austragung der jährlichen Rhönwettbewerbe. Er bot die „Grundlage einer nach einheitlichen Richtlinien durchgeführten vormilitärischen fliegerischen Ausbildung", die sich nahtlos in das nationalsozialistische Ideal der „Volksgemeinschaft" sowie die Arbeit der Jugendorganisationen „Hitlerjugend" bzw. „Bund deutscher Mädel" einpassen ließ.[89] Anstelle der einzelnen entscheidenden Förderer des Fliegens

[87] Ocker, Peter: Hans Jacobs. Pionierleben im Flugzeugbau, Heidenheim 2012, S. 74.

[88] Ebda, S. 70 f.

[89] Schliephake, Hanfried: Wie die Luftwaffe wirklich entstand. Der Aufbau zwischen den beiden Weltkriegen, Stuttgart 1972, S. 47 f.

auf der Wasserkuppe trat unter den Nationalsozialisten ein komplexes Ausbildungs- und Schulflugsystem. Ziel war es, mit der Faszination des Fliegens junge Menschen für die im Aufbau befindliche Luftwaffe zu rekrutieren.

Vor dem Groenhoff-Haus wehten ab 1933 Hakenkreuz-Flaggen.

Wie reagierten die alteingesessenen Flieger auf der Wasserkuppe auf die Maßnahmen nationalsozialistischer Gleichschaltung? Die publizierten Kommentare der lokalen Handlungsträger zur Machtübernahme samt Gleichschaltung des Flugsportes, die massiven Konsequenzen für ihr Wirken hatten, geben hierüber Aufschluss: Weder öffentliche Kritik noch Widerstand gegen die Eingliederung „ihrer" RRG in Staatsorganisationen ist aus zeitgenössischen Quellen herauszulesen. Vielmehr sind – gelinde gesagt – sympathisierende Äußerungen wie die von Fritz Stamer im Sommer 1933:

> *„Da geht unser allersehnlichster, heißester Wunsch in Erfüllung. Das neue Deutschland ist erwacht! Der Sturm fegt durch die Krone der deutschen Eiche, die morschen und kranken Äste fallen herab. Unsere Arbeit von zwölf Jahren wird in Erfüllung gehen. Volk fliege wieder! Unser Führer Adolf Hitler ernannte einen der erfolgreichsten Jagdflieger des ersten Weltkrieges uns Fliegern zum Führer. Ihm, dem Reichsminister Hermann Göring, möchte ich mein Buch widmen, als Zeugnis unserer Arbeit, und als Gelöbnis weiterer, rastloser Arbeit an unserer herrlichen Sache, im Namen aller Flieger der Wasserkuppe."*[90]

Das politische Klima, das sich auf der Wasserkuppe unter dem Einfluss von Revisionismus und Nationalismus bereits vor 1933 entwickelt hatte,

[90] Stamer, Fritz: Zwölf Jahre Wasserkuppe, Berlin 1933, S. 166.

scheint dazu geführt zu haben, dass die frühen Maßnahmen der nationalsozialistischen Luftwaffenpolitik dort weitestgehend positiv begrüßt wurden. Gleichzeitig boten diese den Flugbegeisterten die lang herbeigesehnte Möglichkeit, dem Idealismus für den Segelflug endlich eine professionelle und perspektivenreiche Zukunft folgen zu lassen.

Durch einen Erlass Hitlers wurde die Luftwaffe mit Wirkung zum 1. März 1935 – ab diesem Jahr der „Tag der Luftwaffe" – erstmals ein selbstständiger Wehrmachtsteil neben Heer und Marine. Dabei versuchten die Nationalsozialisten durch die namentliche Erwähnung Richthofens im entsprechenden „Führererlass" an den „Habitus [der Flieger aus dem Ersten Weltkrieg], der Potenz, Fortschritt, das Streben nach Entgrenzung und einen Hauch von Mythos barg" anzuknüpfen.[91] Mit dieser Taktik sollten einzelne Maßnahmen in einen größeren historischen und weltanschaulichen Kontext eingebettet und so legitimiert werden. Ein Zeugnis dieses Kalküls ist der folgende Abschnitt aus der Biografie Görings:

> *„Auf diesen Tag hat Hermann Göring von der Stunde an, als er in Aschaffenburg als letzter Kommandeur des Richthofengeschwaders blutenden Herzens von den Kameraden Abschied nahm, achtzehn Jahre lang gewartet."*[92]

Insgesamt 20 Land- und Seefliegerstaffeln und ebenso viele Land- und Seefliegerschulen wurden nach 1935 geschaf-

Ein Schulgleiter Typ "SG38" in der Luft. Bei genauem Hinsehen ist darauf ein Hakenkreuz erkennbar.

[91] Trittel, Katharina: Krieg und Fliegen. Hundert Jahre nach Versailles, in: Institut für Demokratieforschung online, Juli 2019, URL: https://www.ifdem.de/beitraege/krieg-und-fliegen-hundert-jahre-nach-versailles/#_ftn2 (eingesehen am 09.03.2023).

[92] Gritzbach, Erich: Hermann Göring. Werk und Mensch, München 1940, S. 148.

fen. Es folgte die Wiedereinführung der allgemeinen Wehrpflicht im selben Jahr. Dies stellte einen Verstoß gegen die Bestimmungen von Versailles und damit einen Teil der kriegsvorbereitenden Aufrüstung im Rahmen der Doppelstrategie der nationalsozialistischen Außenpolitik dar.

Bis zum 1. August 1935 verfügte die deutsche Luftwaffe bereits über 48 Fliegerstaffeln.[93] Neben einer massiven Erhöhung der Produktionszahlen

[93] Schliephake, Hanfried: Wie die Luftwaffe wirklich entstand. Der Aufbau zwischen den beiden Weltkriegen, Stuttgart 1972, S. 49.

Doppelstrategie der nationalsozialistischen Außenpolitik[1]

Die nationalsozialistische Außenpolitik verfolgte bereits ab 1933 das Ziel der vollständigen Revision des Versailler Vertrags sowie der Bildung eines »Großdeutschen Reiches« im Kontext der NS-Rassenideologie. Aufgrund der außenpolitischen Isolation Deutschlands sowie dessen militärischer Lage zum Zeitpunkt der Machtübernahme etablierten die Nationalsozialisten in der Praxis jedoch eine janusköpfige Außenpolitik. Einerseits bestrebt, den Anschein einer Friedens- und Verständigungspolitik zu wahren (vgl. Nichtangriffspakt mit Polen 1934, Inszenierung der »Friedensspiele« 1936), verfolgten die nationalsozialistischen Funktionäre eine verschleierte Kriegs- bzw. Kriegszielpolitik. Mit dieser sollte Deutschland wirtschaftlich, militärisch und gesellschaftlich auf den Angriffskrieg vorbereitet werden. Zu ihren Maßnahmen gehörten neben der Wiedereinführung der Wehrpflicht 1935 der Einmarsch in die entmilitarisierte Rheinlandzone sowie das Eingreifen in den Spanischen Bürgerkrieg 1936. Spätestens im Jahr 1936 ist der Übergang von aggressiver Revisionspolitik zu aktiver Kriegsvorbereitung mit schwindender Rücksichtnahme auf das politische Ausland zu datieren.

[1] Wildt, Michael: Der Weg in den Krieg, in: Bundeszentrale für politische Bildung online, Dezember 2012, URL: https://www.bpb.de/shop/zeitschriften/izpb/nationalsozialismus-krieg-und-holocaust-316/151926/der-weg-in-den-krieg/ (eingesehen am 09.05.2023).

Görings Ausspruch, das deutsche Volk müsse ein »Volk von Fliegern« werden, wurde zum Credo der nationalsozialistischen Luftwaffenpolitik.

fand unter den Nationalsozialisten eine „kaum vorstellbare, allerdings zweckbestimmte Förderung des Flugsportes“ statt, die unter dem Credo Görings stand, das deutsche Volk müsse ein „Volk von Fliegern werden“.[94]

Bereits 1935 war sich die Luftwaffenführung ihrer zukünftigen Aufgaben im Krieg bewusst und sah „in erster Linie Frankreich und Polen [...], in zweiter Linie Belgien und die Tschechoslowakei“ als mögliche Kriegsgegner. Vorbereitet wurde ein operativer Luftkrieg, der zweimotorige Horizontalbomber und einmotorige Sturzkampfflugzeuge notwendig machte. Eine Sturzkampfflugzeugstaffel wurde unter konzeptioneller Planung Ernst Udets aufgestellt.[95] In der Öffentlichkeit jedoch stellten die Nationalsozialisten die Luftwaffe weiterhin als defensiv orientiert dar. Selbst 1940, als Deutschland bereits Polen, Dänemark, Norwegen, die Benelux-Staaten und Frankreich überfallen hatte, lässt Göring sich wie folgt zitieren:

[94] Ebda, S. 47.

[95] Ebda, S. 53.

„Solange ich an der Spitze der deutschen Luftfahrt stehe, werde ich nicht ruhen und rasten, der Welt immer wieder zu sagen, dass Deutschland wehrlos ist, solange man ihm verwehren will, seinen Luftraum zu verteidigen.“[96]

Als Element der nationalsozialistischen Machtdemonstration diente die Luftwaffe bereits auf dem Reichsparteitag in Nürnberg 1935. Im Zuge der ebenfalls gegen die Versailler Bestimmungen verstoßenden Remilitarisierung des Rheinlands in Folge des 7. März 1936 und später im Spanischen Bürgerkrieg wurde sie erstmals auch aktiv eingesetzt.

Am 17. April 1937 ging der DLV schließlich in das neu geschaffene „Nationalsozialistische Fliegerkorps“ (NSFK) auf, das unmittelbar dem Reichsluftfahrtminister Göring unterstand. Im veröffentlichten „Führererlass“ zur Gründung des NSFK wurde das Ziel der Vorbereitung auf einen militärischen Einsatz klar als solches benannt: Ziel sei es, „den fliegerischen Gedanken im deutschen Volke wachzuhalten und zu vertiefen [und] eine vor der militärischen Dienstzeit liegende fliegerische Ausbildung durchzuführen“.[97] Auch in der Biografie Hermann Görings ist eine hierzu passende Passage zu finden:

„Seine [die des NSFK] Aufgabe ist klar umrissen: Die nationalsozialistische Fliegerjugend ist im Geiste der großen deutschen Vorbilder, im Geiste Richthofens, Boelckes und Immelmanns, zu einsatzbereitem Nachwuchs für die deutsche Luftwaffe zu erziehen.“[98]

Hier verschmolz die pseudoreligiöse Verehrung der (vermeintlichen) Fliegerhelden des Ersten Weltkrieges propagandistisch wirksam mit der angestrebten militärischen Ausbildung von Piloten und fliegerischem Bodenpersonal, um diese zu legitimieren. Korpsführer des NSFK wurde mit Friedrich Christiansen ein ehemaliger Marineflieger des Ersten Weltkrieges, ab 1933 Ministerialrat im Luftfahrtministerium und von 1940 bis 1945 Wehrmachtsbefehlshaber in den besetzten Niederlanden.[99]

[96] Gritzbach, Erich: Hermann Göring. Werk und Mensch, München 1940, S. 149.

[97] Christiansen, Friedrich (Hg.): Ein Jahr NS-Fliegerkorps 1937/38, Berlin 1938, S. 5.

[98] Gritzbach, Erich: Hermann Göring. Werk und Mensch, München 1940, S. 146.

[99] Hormann, Jörg und Zegenhagen, Evelyn: Deutsche Luftfahrtpioniere 1900-1950, Bielefeld 2008, S. 49.

Die Gründung des NSFK stellte die Abschlussetappe für die systematische Erfassung und Ausbildung fliegerischen Nachwuchses dar. Das NSFK übernahm nach seiner Gründung auch die Austragung der jährlichen Flugwettbewerbe in der Rhön. Eine Neuerung, die sich dadurch ergab, war die Wertung der fliegerischen Leistungen in Gruppen.[100] Dadurch sollte das Gemeinschaftsgefühl unter den Fliegern gestärkt und die Forderung Görings, „die deutsche Segelflugbewegung“ solle „in breitester Front marschieren“, erfüllt werden.[101] Die Verehrung und Inszenierung einzelner tragischer Heldenfiguren der Fluggeschichte als Vorbilder für die Jungen blieben davon jedoch unangetastet.

Um das angestrebte militärische Potential der Luftwaffe entfalten zu können, benötigten die Nationalsozialisten eine hohe Zahl junger Männer, die sich als Flugzeugführer und fliegerisches Bodenpersonal in ihren Dienst stellten. Vom Chef der Kriegswissenschaftlichen Abteilung der Luftwaffe, Generalleutnant Wilhelm Haehnelt, stammt der passende Ausspruch: „Die Flieger sind die Kampftruppe der Jugend!“[102] Mit dem Ziel, männliche Jugendliche zum Eintritt in die fliegerischen NS-Jugendorganisationen zu bewegen, etablierten die nationalsozialistischen Funktionäre ein komplexes und umfassendes System der Jugendverführung durch Propaganda in Wort, Bild, Schrift und sogar Architektur. In Teilen ist dies aufgrund der im ursprünglichen Zustand erhaltenen NS-Architektur auf der Wasserkuppe noch heute authentisch erlebbar. Theorie und Praxis, Strategien und Umsetzung jener perfiden, propagandistischen Jugendverführung, die viele der Verführten im Zweiten Weltkrieg mit ihrem Leben bezahlten, sollen zum zentralen Gegenstand der folgenden Abschnitte gemacht werden.

[100] Gritzbach, Erich: Hermann Göring. Werk und Mensch, München 1940, S. 147.

[101] Ebda.

[102] Roeingh, Rolf: Zwei Generationen Luftwaffe, Berlin 1942, S. 2.

Systematische Erfassung und Ausbildung fliegerischen Nachwuchses: Der Weg eines Jungen vom „Pimpf“ bis zum Frontpiloten

Das Ziel der nationalsozialistischen Jugendorganisationen formulierte Adolf Hitler in einer Rede 1938 mit der ideologischen Indoktrination „von der Wiege bis zur Bahre“ und ergänzte: „Und sie werden nicht mehr frei“. Anspruch der Nationalsozialisten war es also, die Deutschen von Kindertagen an durch Propaganda und Eingliederung in die NS-Massenorganisationen ideologisch zu vereinnahmen und im Sinne des Regimes am jeweiligen diktierten Geschlechterideal zu erziehen.

Der Jugend widmeten sich die Nationalsozialisten deswegen in besonderer Weise, da „mit der Erziehung und Ausbildung der jungen Generation der Grundstein für die rassistische ‚Volksgemeinschaft‘ der Zukunft“ gelegt werden sollte.[103] Alle männlichen Jugendlichen waren ab 1936 zum Eintritt in die „Hitlerjugend“ (HJ), die Mädchen zum Eintritt in den „Bund Deutscher Mädel“ (BDM) verpflichtet. Neben Hermann Göring als Reichsluftfahrtminister und Oberbefehlshaber der Luftwaffe war in erster Linie Eduard Ritter von Schleich[104] als Verbindungsmann des DLV zur Reichsjugendführung für die Etablierung Fliegerausbildung verantwortlich.[105]

[103] Wildt, Michael: Nationalsozialismus: Aufstieg und Herrschaft, in: Bundeszentrale für politische Bildung (Hg.): Informationen zur politischen Bildung Nr. 314, Bonn 2012, S. 60.

[104] Eduard Schleich, geboren 1888, ab 1918 Ritter von Schleich, gehörte im Ersten Weltkrieg zunächst als Beobachter und später als Pilot der Fliegertruppe an. Wegen der Farbe seines Flugzeugs wurde Schleich auch „Schwarzer Ritter“ genannt. Ab 1917 kommandierte er verschiedene Jagdstaffeln und wurde im selben Jahr ähnlich wie Ritter von Greim für seine militärischen Erfolge mit dem Orden „Pour le Mérite“ geehrt. Im Zusammenhang mit dem „Militär-Max-Joseph-Orden“ erfolgte außerdem seine Erhebung in den Adelsstand. In der Zeit zwischen den beiden Weltkriegen arbeitete von Schleich als Flugleiter bei verschiedenen Fluggesellschaften wie der „Lufthansa“. 1931 trat er der „SS“ im Rang eines Sturmbannführers bei, 1932 begleitete er Adolf Hitlers Flugzeug im Reichstagswahlkampf. Im Zweiten Weltkrieg führte von Schleich erneut eine Jagdstaffel.

[105] Roeingh, Rolf: Zwei Generationen Luftwaffe, Berlin 1942, S. 184.

Was versteht man unter Propaganda?

Propaganda kann definiert werden als systematischer und bewusster »Versuch das Denkens, Handelns und Fühlens« von Menschen gezielt zu beeinflussen.[1] Der Begriff »Propaganda« leitet sich vom lateinischen Verb »propagare« ab, was mit »erweitern«, »ausstreuen« oder »ausbreiten« übersetzt werden kann. Urheber von Propaganda sind meist bestimmte Institutionen, die mit der Propaganda konkrete Ziele verfolgen. Typisch für Propaganda ist hierbei das Überbetonen, Verzerren, Umdeuten, Weglassen oder Unterschlagen von Fakten, sodass eine Erzählung oder ein Narrativ entsteht, das zum Ziel der Propaganda passt. Außerdem wird häufig lediglich eine Interpretation von Fakten als allumfassend richtig und wahr präsentiert, um einen pluralen Diskurs unmöglich zu machen. Die Bundeszentrale für politische Bildung schreibt hierzu: »Propaganda nimmt den Menschen das Denken ab und gibt ihnen stattdessen das Gefühl, mit der übernommenen Meinung richtig zu liegen.«[2] Dieser Definition zufolge wird Propaganda meist mit autoritären und totalitären Staaten in Verbindung gebracht, wo sie unter anderem im Zusammenspiel mit direkter Zensur und der Verfolgung Andersdenkender auftreten kann. Als klassische Instrumente der Propaganda sind Reden, Predigten oder Lieder bereits seit der Antike bekannt. Mit den neuen Medien sind auch schriftliche Dokumente wie Flugblätter und Plakate, aber auch Fotografien, Filme und Radiosendungen zu Propagandainstrumenten geworden. Heute verbreiten vielfach auch die Sozialen Medien Propagandaerzählungen oder die Diskreditierung von Meldungen als »Fake News«. Ihre Schnelllebigkeit und die teils geringe Nachvollziehbarkeit von Autorenschaft und Quellenlage bilden dafür einen fruchtbaren Nährboden.

[1] Bundeszentrale für politische Bildung: Krieg in den Medien. Was ist Propaganda?, in: Bundeszentrale für politische Bildung online, Oktober 2011, URL: https://www.bpb.de/themen/medien-journalismus/krieg-in-den-medien/130697/was-ist-propaganda/ (eingesehen am 09.05.2023).

[2] Ebda.

Die Verbindung von Nationalsozialismus und Fliegerei beschrieb Letzterer so:

> *„Fliegerei und nationalsozialistische Revolution, untrennbar miteinander verbunden, sind vom gleichen Geist erfüllt: Treue und schlichte Pflichterfüllung, selbstlose Hingabe an ein überragendes Ziel, Dienst am Volk und Vaterland bis zum Einsatz des Letzten […].“*[106]

Über den Modellflug kamen viele Jungen erstmals in Kontakt mit der Fliegerei.

Den ersten aktiven Kontakt mit dem Fliegen sollten Jungen durch den Modellflug knüpfen. Als Mitglieder des „Deutschen Jungvolkes“ (10- bis 14-Jährige) wurden die Jungen „im 3. und 4. Pimpfenjahr [also im Alter von 13 und 14 Jahren] zwei Jahre im Flugmodellbau und Modellflug unterrichtet.“[107] Darüber hinaus war der Flugmodellbau für alle männlichen Schüler im 6. und 7. Schuljahr ein verpflichtendes Schulfach. In beiden Fällen war das NSFK für die Durchführung des Unterrichts verantwortlich und damit die vollständige Kontrolle über die gelehrten Inhalte garantiert. Den Jungen wurde das selbstständige Arbeiten durch verschiedene Bauplansammlungen mit den ansprechenden Namen „Knirps“, „Baby“ sowie „Strolch“ ermöglicht. Komplexere Konstruktionen wurden im Auftrag des Reichsluftsportführers bzw. der Reichsjugendführung unter dem Namen „Kolibri“ veröffentlicht. Im gleichnamigen Sportflugzeug flog der populäre Ernst Udet in den 1920er-Jahren auf Kunstflugschauen. Einem stufenmäßig aufgebauten Lehrplan folgend bauten die Jungen zunächst Flugmodelle aus Pappe und Papier, anschließend Leistungssegelflugmodelle bis hin zu Gummimotorflugmodellen und komplexen Flugmodellen mit Steuerung, die nach denselben physikalischen Prinzipien wie größere bemannte Flugzeuge funktionierten.

[106] Cordts, Georg: Junge Adler. Vom Luftsport zum Flugdienst 1920-1945, Esslingen 1988, S. 104.

[107] Reichsamt Deutsches Volksbildungswerk (Hg.): Fliegen – Deutsches Schicksal, Berlin 1941, S. 36.

So vermochten es die Nationalsozialisten, die Begeisterung der Jungen für die technischen Feinheiten der Flugzeugkonstruktion bereits in jungen Jahren zu wecken und sie gleichzeitig vormilitärisch als Flugzeugführer und fliegerisches Bodenpersonal zu schulen. Die Modellfluglehrer und -helfer erhielten ausnahmslos eine Ausbildung in zentral durchgeführten und kontrollierten Lehrgängen der Reichsmodellflugschulen des NSFK in Rothenburg ob der Tauber, Kassel und Lauenburg an der Elbe.[108] Mit dem Eintritt in die Fliegerscharen der „Hitler-Jugend“ („Flieger-HJ“) im Alter von 14 Jahren konnte der Modellflug freiwillig weiterbetrieben werden.

In fünf Ausbildungsstufen erlernten die Jugendlichen im Alter von 14 bis 18 Jahren anschließend in der „Flieger-HJ“ das theoretische technische Wissen sowie die Praxis zum Segelflugzeugbau. Der Lehrplan enthielt hierbei unter anderem technisches Zeichnen, Werkstoffkunde, Flugzeugbau und Werkstattkunde. In der Segelflugausbildung wurde das von Fritz Stamer installierte Einsitzer-Schulsystem mit A-, B-, und C- Prüfungen beibehalten. Die „Flieger-HJ“ verfügte im Jahr 1939 im Durchschnitt über 90.000 Mitglieder, hinzu kamen 80.000 „Pimpfe“ in den Modellflug-Arbeitsgemeinschaften. 9.000 Jungen absolvierten in diesem Jahr die A-Gleitfliegerprüfung, 5.000 die B-Prüfung und 1.000 die C-Prüfung respektive den gleichwertigen Luftfahrerschein für Segelflugzeugführer.[109] Besonders begabte Schüler, die in den regelmäßigen Leistungsüberprüfungen hervorstachen, konnten dem „Reichsamt Deutsches Volksbildungswerk“ zufolge ihr Wissen an den Technischen Schulen des NSFK vertiefen. Parallel zur handwerklichen Ausbildung erfolgte in der „Flieger-HJ“ die fliegerische Ausbildung der 14- bis 18-Jährigen im Gleit- und Segelflug, Motorflug sowie im Funken auf den Segelfluggeländen der NSFK-Stürme und der „Reichssegelflugschulen“ des NSFK. Im Rahmen der Wettbewerbe für Segel- und Motorflugmodelle erprobten die Jugendlichen ihr erworbenes Wissen praktisch im vom Korps und dessen Würdenträgern bestimmten militärischen Umfeld. Obwohl in der Praxis auch das Gemeinschaftsgefühl und der innere Zusammenhalt der Truppe eine große Rolle spielten, triefte der Alltag im NSFK vor ideologischer Indoktrination und militärischem Drill. In einer Broschüre des NSFK anlässlich der Modellflugveranstaltungen 1937/1938 liest man hierzu:

[108] Ebda, S. 37.

[109] Ursinus, Oskar (Hg.): Segelflug, in: Flugsport, Jahrgang 31, Heft 2, 1939.

„Verpflichtet Braunhemd und Kampfbinde einerseits zu einer einheitlichen weltanschaulichen Schulung, so andererseits auch rein äußerlich zu einer soldatischen Haltung. Kämpferischer Geist, bedingungslose Manneszucht haben die nationalsozialistische Bewegung geschaffen, sie mussten auch Gemeingut der neuen NS-Formationen werden.“[110]

Dem Leistungsbuch der HJ eines 1928 geborenen und auf der Wasserkuppe fliegerisch ausgebildeten Jungen ist zu entnehmen, welche Leistungen die Jungen neben den (flug-) sportlichen Normen noch erfüllen mussten, um bestimmte Abzeichen zu erhalten. Solche Abzeichen – ein Wesensmerkmal totalitärer Systeme – galten als besondere Auszeichnungen innerhalb der

[110] Christiansen, Friedrich (Hg.): Ein Jahr NS-Fliegerkorps 1937/38, Berlin 1938, S. 44.

Prüfungsbedingungen für das DJ-Leistungsabzeichen

I. Leibesübungen:

1. 60-m-Lauf . . . . 11 Sekunden
2. Weitsprung . . . . 3,00 m
3. Schlagballweitwurf . . . . 30,00 m
4. Bodenrolle 2 mal vorwärts, 2 mal rückwärts
5. Schwimmen:
   a) 100 m in 3,5 Min. oder 5 Min. Dauerschwimmen
   b) 1000-m-Lauf nicht unter 4,30 und nicht über 5,30 Min. (falls keine Schwimmgelegenheit vorhanden ist oder der Anmarschweg länger als 1 Std. dauert).

II. Wehrertüchtigung:

1. Eine Tagesfahrt von 15 km ohne Gepäck
2. Teilnahme an einem Geländespiel
3. Luftgewehrschießen:
   a) 8 m Entfernung, sitzend am Anschußtisch, 10er Ringscheibe, Ringabstand ½ cm. 5 Schuß = 15 Ringe
   b) wenn Luftgewehrschießen nicht möglich: Schlagballzielwerfen, Entfernung 8 m, Ziel 60 × 60 cm. Bedingungen: 5 Wurf = 3 Treffer.

III. Weltanschauliche Prüfung:

1. Der Pimpf muß aus dem Leben des Führers erzählen können.
2. Der Pimpf muß von Herbert Norkus erzählen können.
3. Der Pimpf muß seinen Heimatgau und dessen politische Führer kennen.
4. Kenntnis von drei Pflichtliedern.

11

6. Entfernungsschätzen: 3 Entfernungen zwischen 50 und 500 m (Fehlergrenze je Entfernung bis zu 30%).
7. Meldewesen: Überbringung einer mündlichen Meldung auf 300 m Entfernung, enthaltend 1 Zeit-, 1 Orts- und 1 Stärkeangabe.
8. Tarnung: Herstellung eigner Tarnung im offenen Gelände.
9. Geländeausnutzung: Heranarbeiten an einen Punkt im Gelände in mindestens 200 m Entfernung unter Berücksichtigung, daß der Weg von einem Gegner eingesehen wird.

III. Weltanschauliche Prüfung:

1. Was weißt du über das Parteiprogramm der NSDAP?
2. Nenne rassenpolitische Maßnahmen des nationalsozialistischen Deutschland und erkläre ihre Bedeutung.
3. Was weißt du über die Bedeutung und Aufgabe des deutschen Bauerntums?
4. Nenne sozialpolitische Maßnahmen des nationalsozialistischen Deutschland und erkläre ihre Bedeutung für die Volksgemeinschaft.
5. Was mußt du im täglichen Leben beachten, um gesund und leistungsfähig zu bleiben?
6. Was weißt du über die Stellung des Großdeutschen Reiches in der Welt?
7. Kenntnis von drei Pflichtliedern.

15

Inhalt der weltanschaulichen Prüfung von "Pimpfen" und "Hitlerjungen": Rechts für das Abzeichen des "Deutschen Jungvolks" und links für das HJ-Leistungsabzeichen in Silber.

exklusiven „Volksgemeinschaft" und waren deswegen für viele Jugendlichen erstrebenswert.[111] Dass im Jahr 1939 lediglich 32 Jungen das Leistungsabzeichen in Silber sowie nur 2 das in Gold erhielten, unterstreicht die Exklusivität jener Auszeichnungen. Für das Leistungsabzeichen des „Deutschen Jungvolks" in Silber mussten die 13- bis 14-jährigen Anwärter unter anderem aus dem Leben Adolf Hitlers erzählen sowie die Texte von „Deutschlandlied", „Horst-Wessel-Lied" und „HJ-Fahnenlied" beherrschen.

Für den Erwerb des HJ-Leistungsabzeichens in Bronze waren unter anderem das Erzählen aus der Geschichte der HJ, Kenntnisse von Organisation und Gliederung der NSDAP und über das Großdeutsche Reich Voraussetzung. Um das HJ-Leistungsabzeichen in Silber zu erwerben, mussten die 17-Jährigen Kenntnisse über das Parteiprogramm der NSDAP, die rassenpolitischen Maßnahmen Deutschlands, der dem „deutschen Bauerntum" zugedachten Aufgaben sowie über Sozialpolitik und „Volksgemeinschaft" nachweisen.

Jungen Männern, die diese weltanschauliche Prägung erfahren hatten, war die nationalsozialistische Weltanschauung anhand ihrer zentralen Elemente also buchstäblich eingetrichtert worden. Entscheidend ist hierbei, dass die nationalsozialistische Ideologie stets als alternativlos dargestellt wurde und die Jugendlichen zu absolutem Gehorsam und weg von jeglichem eigenständigen und kritischen Denken erzogen wurden. Wer in der „Volksgemeinschaft" nach Geltung und Anerkennung suchte, musste sich der Indoktrination beugen. Nach der Ausbildung in den Fliegerscharen der HJ wurden die jungen Männer mit Vollendung ihres 18. Lebensjahres in der Regel in die Luftwaffe übernommen. Sie gliederte sich 1942 neben flugtechnischem und allgemeinem Personal in Jagdflieger, Zerstörer, Kampfflieger, Sturzkampfflieger, Aufklärungsflieger und Fallschirmjäger.[112] Nach der militärischen Grundausbildung wurden die Soldaten einer dieser Gruppen zugeordnet.

Besonders nach Kriegsbeginn rekrutierte die Luftwaffe junge Männer für Flakartillerie und Nachrichtentruppe auch aus handwerklich-technischen Berufen wie Motorenschlosser, Mechaniker, Werkzeugmacher, Schweißer, Techniker und Ingenieure, um den enormen Bedarf an Material und Arbeitskraft zu decken.[113]

[111] Ursinus, Oskar (Hg.): Segelflug, in: Flugsport, Jahrgang 31, Heft 2, 1939.

[112] Reichsamt Deutsches Volksbildungswerk (Hg.): Fliegen – Deutsches Schicksal, Berlin 1941, S. 37-42.

[113] Gritzbach, Erich: Hermann Göring. Werk und Mensch, München 1940, S. 154.

Als Beispiel hierfür kann Karl Maurer gelten, geboren am 25. Januar 1926 in Schmalegg in Ravensburg.[114] Maurer beschreibt, dass er einer politisch nicht interessierten Familie entstamme. Sein Vater habe noch 1940 kein NSDAP-Parteibuch besessen. Im Alter von 14 Jahren habe er eine Stelle als Maschinenschlosser-Lehrling angenommen, als ein Freund ihm von der „Flieger-HJ" erzählt habe. Mit der Aussage, Maurer habe von Berufswegen Modellbauerfahrung und in der „Hitlerjugend" ginge es unpolitisch zu und in erster Linie ums Fliegen, habe sein Freund ihm vom Eintritt überzeugt. Nachdem er alle Prüfungen bestanden hatte, sei Maurer dann 1943 als 17-Jähriger nach freiwilliger Meldung zur Grundausbildung der Luftwaffe nach Crailsheim gekommen. Im Rahmen der Pilotenausbildung sei kaum noch Flugpraxis zu sammeln gewesen, da das 1944/1945 der Mangel an Treibstoff verhindert habe. Nach der deutschen Kapitulation geriet Maurer in fünfjährige russische Kriegsgefangenschaft. Dass einige Jugendliche die „Flieger-HJ" tatsächlich als (vergleichsweise) unpolitische Organisation wahrnahmen, in der das Fliegen im Fokus stand, unterstreicht die subtile Wirkmacht der Jugendverführung durch das Fliegen. Die politische Propaganda scheint von einigen Flieger-Hitlerjungen als alltäglich, bisweilen sogar als unpolitisch, wahrgenommen worden zu sein.

Ein weiterer Aspekt ist entscheidend dafür, dass die Jugendzeit in NS-Massenorganisationen von vielen Überlebenden nach dem Krieg als positive Erfahrung dargestellt wurde. Unter dem Credo „Jugend führt Jugend" stärkten die NS-Jugendorganisationen den Gemeinschaftsgedanken im Sinne der „Volksgemeinschaft", indem sie den Jugendlichen Verantwortung in Leitungspositionen übergaben. Diese Eingliederung in eine Hierarchie, in der die nationalsozialistische Weltanschauung als alternativlos galt und jegliche Kritik als Verrat am Vaterland geächtet wurde, sollte bei der Frage nach den Erfolgsfaktoren der Jugendverführung berücksichtigt werden.

[114] Der hier dargestellte Ausschnitt aus dem Leben Karl Maurers basiert auf dessen Lebenserinnerungen, die er in hohem Alter mit seinem Sohn besprach. Dieser hielt das Gesagte wiederum schriftlich fest. Maurers Lebenserinnerungen sind nicht in einem öffentlichen Druckerzeugnis nachzulesen, liegen der Autorin jedoch vor. Maurer soll als Sohn eines – nach eigenen Angaben – unpolitischen Elternhauses in dieser Publikation als ein Beispiel für die Macht der nationalsozialistischen Jugendverführung gelten. Dennoch ist anzumerken, dass Maurer lediglich einer von über 8 Millionen Hitlerjungen war, dessen Erfahrungen nicht ohne Weiteres auf die Mehrheit zu übertragen sind.

Dem niederländischen Historiker Rutger Bregman zufolge sollten diese Faktoren auch bei der Frage berücksichtigt werden, warum deutsche Soldaten im Zweiten Weltkrieg trotz der beinahe aussichtslosen militärischen Lage durchhielten und bis 1944/1945 weiter kämpften.[115] Die amerikanischen Soziologen Morris Janowitz und Edward Shils machen dafür in erster Linie Treue und Loyalität gegenüber den eigenen Kameraden verantwortlich. Die Wirkmacht der Ideologie sei im Angesicht der Gräuel des Krieges dagegen eher in den Hintergrund getreten. Ein deutscher Kriegsgefangener höhnte gar: „Der Nationalsozialismus beginnt zehn Meilen hinter der Front."[116] Durch die intensive, prägende Jugend, die viele Mitglieder der deutschen Luftwaffe im Rahmen der umfassenden Ausbildung miteinander verbracht hatten, wuchsen die Jugendlichen zu loyalen Kameraden und Freunden heran, die füreinander kämpften und starben. Zwar darf die Wirkung der Propaganda für die Gewinnung und Ausbildung der Jungen in den fliegerischen Jugendorganisationen nicht unterschätzt werden. Den Untersuchungen der amerikanischen Soziologen zufolge waren es jedoch andere Motive, die die deutschen Soldaten trotz der desaströsen militärischen Lage in den letzten Kriegsmonaten weiterkämpfen ließen – Motive, die sie ebenfalls, wenn auch indirekt während ihrer Zeit in den NS-Jugendorganisationen verinnerlichten.

Auch die Wasserkuppe war ein zentraler Schauplatz dieser umfassenden vormilitärisch-ideologischen Ausbildungspraxis. Tausende von männlichen Jugendlichen durchliefen zwischen 1933 und 1945 die Klassen der dortigen „Reichssegelflugschule" und dienten im Zweiten

In der Propaganda wurde das Fliegen auch durch den Wert von Gemeinschaft positiv konnotiert.

[115] Bregman, Rutger: Im Grunde gut. Eine neue Geschichte der Menschheit, Amsterdam 2019, S. 228-235.

[116] Janowitz, Morris und Shils, Edward: Cohesion and Disintegration in the Wehrmacht in World War II, o.O. 1948, S. 288.

Weltkrieg als Piloten oder fliegerisches Bodenpersonal in der Luftwaffe. Wegen der historisch exponierten Stellung des „Bergs der Flieger" unter den Orten der sieben großen nationalsozialistischen „Reichssegelflugschulen" ist ein mahnendes Gedenken an Strategien und Umsetzung jener Ausbildungspraxis am Beispiel der Wasserkuppe möglich.

„Keine Jugend ohne Berührung mit der Fliegerei"[117] – Die Verführung durch Schrift, Bild, Architektur und Film

Zu den mächtigsten Medien der nationalsozialistischen Propaganda gehörten Schrift und Bild. Die Nationalsozialisten prägten in Anlehnung an ihre rassistische, sozialdarwinistische Weltanschauung einen eigenen Sprachduktus, der sich unter anderem durch eine Häufung von emotional besetzten Begriffen wie „Volk", „Vaterland", „Blut", „Erhebung", „Opfer", „Ehre" und „Männlichkeit" auszeichnete. Die dadurch induzierte Betonung des Soldatischen und „Männlichen" diente einerseits der Festigung von Heldenmythen und andererseits der frühen Anerziehung militärisch relevanter Eigenschaften wie Härte, Disziplin, Durchhaltevermögen und Gehorsam. Auch in gedruckter Form richteten sich die Machthaber mal gezielt, mal eher subtil an männliche Jugendliche, aber auch an deren Eltern. Dass hierbei in den patriarchalen Strukturen besonders die Väter angesprochen werden sollten, bezeugen zahlreiche Zigarettenbilderalben.[118]

Als Propagandamedium nutzten die Nationalsozialisten auch Zigarettenschachteln

[117] Deutscher Luftsport-Verband (Hg.): Deutsche Jugend fliege, Berlin 1934.

[118] Früher gab es in jeder Schachtel Zigaretten Sammelbilder zu verschiedenen Themen, die in auf-

So hieß es beispielsweise in „Wunder des Segelflugs" aus dem Jahr 1935:

> *„Aus dem Segelflug der Nachkriegszeit ist die deutsche Luftfahrt neu entstanden. Im motorlosen Flug fand die Fliegerjugend, die sich 1919 vor den Trümmern der zerschlagenen deutschen Luftfahrt sah, die Kraft zum Wiederaufbau. Und auch heute ist für den deutschen Jungen, der sich in der Fliegerei betätigen will, der motorlose Flug die erste Berührung mit der aktiven Fliegerei."*[119]

Von besonders hoher Suggestivkraft für beide Zielgruppen war das Aufzeigen von Karrierewegen innerhalb der Luftwaffe anhand von prominenten Beispielen. Eine Propagandabroschüre aus dem Jahr 1941 zeigte die Karriere von Soldaten in der Luftwaffe nach und stellte Uniformen, Orden und Abzeichen der Luftwaffe vor.[120] In einer anderen Propagandabroschüre mit dem Titel „Lernt Segelfliegen", die vom Korpsführer des NSFK, Friedrich Christiansen, herausgegeben wurde, wurden drei Reichssegelflugschulen in Grunau, Hornberg und Sylt und deren Schulbetrieb anschaulich vorgestellt.[121] Außerdem werden in der Broschüre des „Reichsamtes Deutsches Volksbildungswerk" Worte an die besorgten Eltern potentieller Rekruten gerichtet. Dort heißt es:

> *„Es mag in Deutschland immer noch Eltern geben, die in der überholten Furcht leben, das Fliegen sei eine abenteuerliche und äußerst gefährliche Sache. [...] Es gibt im Deutschland Adolf Hitlers keine Jugend mehr, die nicht in Berührung mit der Fliegerei aufwächst. Das wird von den Älteren zu oft vergessen, denen der Luftfahrtgedanke meist erst im späteren Verlauf ihres Lebens und dann auch nur zufällig und lückenhaft und von außen her nähergebracht wurde. Sie übersehen darum leicht, wie ihre*

wändig gestaltete Alben eingeklebt werden konnten – ähnlich den modernen „Panini-Bildern". Während das in frühen Jahren häufig Naturbilder waren, fanden Raucherinnen und Raucher in der NS-Zeit unter anderem Bilder mit Bezug zur Luftfahrt in ihren Zigarettenschachteln. Staatliche Propaganda im Bild fand so einen einfachen Weg in deutsche Haushalte.

[119] Spiegel, Wilhelm: Einleitung, in: Loerzer, Bruno (Hg.): Wunder des Segelflugs, Berlin 1935, S. 1.

[120] Reichsamt Deutsches Volksbildungswerk (Hg.): Fliegen – Deutsches Schicksal, Berlin 1941, S. 56-64.

[121] Christiansen, Friedrich (Hg.): Lernt Segelfliegen, Berlin, o.Z.

Kinder mitten darin aufwachsen, wie ihnen fliegerische Begriffe und technische Voraussetzungen von frühester Kindheit an vertraut sind. [...] Eltern, eure Berufung ist es, eure Kinder im Geiste der Fliegerei zu erziehen, denn ihr wisst, wie sehr das deutsche Schicksal von ihr abhängt!"[122]

Um sie durch die Propaganda zu überzeugen, ihre Söhne auch und besonders nach Kriegsbeginn in die Hände der fliegerischen paramilitärischen Jugendorganisationen - und damit später der Luftwaffe - zu übergeben, waren die Eltern neben den Jugendlichen selbst ihre zweite Zielgruppe. Für die Gewinnung von Soldaten machten sich die Nationalsozialisten auch das besondere Prestige zu Nutze, das die Flieger seit dem Ersten Weltkrieg umgab, und betonten darüber hinaus die (vermeintliche) Kontinuität der Luftwaffe zur (Segel-) Fluggeschichte vor 1933.

Ein Heldenmythos in Schrift und Bild: Geschichte des (Segel-) Fliegens auf der Wasserkuppe in der nationalsozialistischen Propaganda

Im Zusammenhang mit dem nationalsozialistischen Unrechtsregime ist häufig vom „Dritten Reich" die Rede, eine Bezeichnung, die die Nationalsozialisten selbst verwendeten. Der Begriff wurde in das NS-Vokabular eingeführt durch Dietrich Eckart (1868-1923). Dem völkisch-nationalistischen Publizisten und „Parteidichter", der die nationalsozialistische Weltanschauung maßgeblich prägte, widmete Adolf Hitler neben anderen seine 1925 erschienene ideologische Programmschrift „Mein Kampf". Mit der Bezeichnung „Drittes Reich" beabsichtigten die Nationalsozialisten die Assoziation einer Traditionslinie ihrer Herrschaft vom (ersten) Heiligen Römischen Reich Deutscher Nation über das (zweite) Deutsche Kaiserreich von 1871 bis zur Gegenwart. Ziel war die Legitimation ihres Herrschaftsanspruchs bei gleichzeitiger Delegitimierung der demokratischen Republik von Weimar. Auf diesem Spektrum von mythologisierender, deutschtümelnder Umdeutung bis zur bewussten Fehlinterpretation und Verzerrung historischer Fakten bewegten sich die Nationalsozialisten auch bei ihrer propagandistischen Darstellung der (Segel-)

[122] Reichsamt Deutsches Volksbildungswerk (Hg.): Fliegen – Deutsches Schicksal, Berlin 1941, S. 19 f.

Fluggeschichte auf der Wasserkuppe. Der „Berg der Flieger" bot als „Wiege des Segelfluges" und Kulisse zahlreicher Weltrekordflüge in den 1920er-Jahren besten Stoff für nationalistische Heldenmythen von den vermeintlich überlegenen „arischen" Bezwingern der Lüfte. Diese Art von Propaganda ließ sich nicht nur in die völkisch-nationalistische Weltanschauung einpassen, sondern übte außerdem eine immense Anziehungskraft auf technikbegeisterte junge Männer aus.

Der deutsche Buchmarkt und besonders die Zielgruppe der Jugendlichen wurden mit Druckerzeugnissen zum Thema Segel- und Motorflug, zu NSFK und Luftwaffe förmlich überschwemmt. Um verschiedene Interessensspektren möglichst wirksam abzudecken, erzählten die Autoren von Flugabenteuern aus aller Welt – ob auf realen oder erfundenen Ereignissen basierend – bis hin zu Heroisierungen der Piloten des Ersten Weltkrieges. Die Allgegenwart der Propaganda, hinter der jegliche Gegenmeinung verschwand, kann sicherlich als einer ihrer Erfolgsfaktoren gelten. Ein Beispiel hierfür ist die „Grüne Post", eine Sonntagszeitung aus dem Ullstein-Verlag, die bereits ab 1927 erschien und sich besonders an die Landbevölkerung richtete. Obwohl es sich nicht um eine nationalsozialistische Parteizeitung handelte, wandten sich die Autoren im Frühjahr 1933 an die „deutsche Jugend" mit dem Aufruf, das beschriebene Segelflugmodell „Grüne Post" nachzubauen. Besonders interessant ist, dass diese politisch augenscheinlich noch nicht (vollständig) vereinnahmte Zeitschrift Mädchen gleichermaßen wie Jungen ansprach und in den Zeichnungen abbildete.[123] Die überwältigende Mehrheit der NS-Propagandaerzeugnisse zum Thema Fliegen richtete sich jedoch wie die Broschüre „Deutsche Jugend fliege" aus dem Jahr 1934 ausschließlich an den männlichen Nachwuchs. Mit zahlreichen Bildern und Zeichnungen wurde den Jungen hier die Faszination des Fliegens anhand des Karrierewegs vom Modell- über den Segel- bis zum Motorflug nähergebracht.[124]

Wie wurde die Geschichte des (Segel-) Fliegens auf der Wasserkuppe bis 1933 in der nationalsozialistischen Publizistik konkret dargestellt?

Anhand einer von Hermann Göring in Auftrag gegebenen, mit zahlrei-

[123] Mertens, Alexander: Die Bau-Anleitung, in: Grüne Post, o.O. Frühjahr 1933.

[124] Deutscher Luftsport-Verband (Hg.): Deutsche Jugend fliege, Berlin 1934.

chen Zeichnungen unterlegten Broschüre aus dem Jahr 1941 ist das gut nachzuvollziehen. Die Broschüre des „Reichsamtes Deutsches Volksbildungswerk" richtete sich an technik- und fluginteressierte Jungen sowie an deren Eltern. Darin wird die Notwendigkeit deutscher Fliegertruppen mit der geografischen Lage Deutschlands begründet. Mit der Pionierarbeit Otto Lilienthals und der Erfindung des Explosionsmotors durch Daimler und Benz sei die Fliegerei weltweit auf zwei deutsche Errungenschaften aufgebaut. Am Rückblick auf die Rolle der Luftkriegsführung zwischen 1914-1918 sei erkennbar, dass „das Schicksal Deutschlands von seiner Luftwaffe" abhänge, die im Ersten Weltkrieg aufgrund einer Vernachlässigung durch die Politik geschwächt worden sei.[125] Hinzu kam in der nationalsozialistischen Propaganda eine Heroisierung der verstorbenen „Fliegerasse" des ersten Weltkrieges: Dass jene Vernachlässigung im Ersten Weltkrieg nicht „zu einer Katastrophe geführt habe", habe „das deutsche Volk seinen unvergesslichen Lufthelden [...] Boelcke, Immelmann, Richthofen, Göring, Christiansen [und] Udet" zu verdanken.[126]

Laut der nationalsozialistischen Propaganda seien die alliierten Friedensbestimmungen von Versailles mit dem Ziel diktiert worden, „die deutsche Luftwaffe restlos zu zerschlagen und das deutsche Volk von jeder fliegerischen Entwicklung überhaupt gewaltsam abzuhalten."[127] Dass die Mehrzahl der deutschen Flugzeugführer sich im Ersten Weltkrieg in ihren schwer steuerbaren Motormaschinen hauptsächlich der Feindbeobachtung und Aufklärung widmeten, verschwieg sie. Die unumstößliche Ablehnung der Friedensbedingungen von Versailles ist eines der Narrative, die die Fliegergemeinschaft auf der Wasserkuppe auch schon vor 1933 vertrat. Unter diesen Bedingungen sei nach Kriegsende das „Wunder auf der Rhön" geschehen: „Die deutsche Jugend" habe sich auf der Wasserkuppe dem Segelflug zugewandt. Den aus der von Radenbach verfassten Biografie Gottlob Espenlaubs entnommenen Schilderungen zufolge befand sich auf dem Doppeldecker des Darmstädters Eugen von Loeßl, der noch während des ersten Wettbewerbes auf der Wasserkuppe bei einem Absturz verstarb, „die altgermanische Siegesrune, ein Hakenkreuz" [...] – „bezeichnend für

[125] Ebda, S. 8.

[126] Ebda.

[127] Reichsamt Deutsches Volksbildungswerk (Hg.): Fliegen – Deutsches Schicksal, Berlin 1941, S. 8.

die schon damals eingewurzelte Einstellung der jungen Flieger."[128] Auch dieser pauschalisierende Rückschluss auf die politische Gesinnung der Flieger auf der Wasserkuppe muss als Zerrbild historischer Tatsachen gelten, obwohl er nicht jeglicher Grundlage entbehrt.

Der nationalsozialistischen Propaganda zufolge sei die Bedeutung der Luftwaffe erst durch die „Machtergreifung" Adolf Hitlers auch in die politische Führungsebene vorgedrungen.[129] Zieht man die geheime Zusammenarbeit der Reichswehr mit der Sowjetunion beim Aufbau der Luftwaffe in der Weimarer Republik im Allgemeinen und die Schulungsversuche Kurt Students auf der Wasserkuppe in den 1920er-Jahren im Besonderen heran, so sind diese Teile der Propaganda historisch schlichtweg nicht haltbar. Schließlich war Student zu diesem Zeitpunkt bereits in der Inspektion für Bewaffnung und Ausrüstung des Heereswaffenamtes beschäftigt. Die Reichswehrführung hatte das militärische Potential des (Segel-) Fliegens also deutlich vor 1933 erkannt.

In einem anderen Propagandawerk aus dem Jahr 1942 wird eine Traditionslinie von den antiken Sagengestalten Dädalus und Ikarus (siehe Kapitel 1) zur Eroberung Kretas durch deutsche Fliegerverbände 1941 hergestellt. Hier ist zu lesen:

„Kreta ist für alle Zeiten der Inbegriff [...] herrlichsten Fliegertums geworden! Kreta, das auch in Mythologie und Sage die Wiege des Menschenflugs wurde."[130]

Als eine zentrale Figur des typisch nationalsozialistischen Totenkults wurde mit Günther Groenhoff ein Flieger missbraucht, der als Segelflugpionier und Testpilot Alexander Lippischs auf der Wasserkuppe wirkte. Nach einem Absturz 1932 verstorben, ließ sich das Leben Groenhoffs zeitlich nicht mit der Ideologie und den Zielen der Nationalsozialisten in Verbindung bringen. Nach seinem Tod stilisierten die Nationalsozialisten Groenhoff jedoch nach dem Vorbild Leo Schlageters (siehe Kasten) zu einem Märtyrer für die fliegerische Bewegung. In der Propagandabroschüre „Deutsche Jugend fliege" ist Groenhoff neben den ehemaligen Kriegsfliegern Oswald Boelcke und

[128] Radenbach, Friedrich Wilhelm: Gottlob Espenlaub. Ein Fliegerleben, o.O. 1942, S. 18.

[129] Reichsamt Deutsches Volksbildungswerk (Hg.): Fliegen – Deutsches Schicksal, Berlin 1941, S 11.

[130] Roeingh, Rolf: Zwei Generationen Luftwaffe, Berlin 1942, S. 6.

Manfred von Richthofen als eines der Vorbilder für die Jugendlichen abgebildet und benannt. Zu lesen ist:

> *„Die Jugend, die den Krieg [gemeint ist der Erste Weltkrieg] nicht mehr selber mitgemacht hatte, blieb nicht abseitsstehen. [...] Die Segelfliegerei wurde ihr Reich, in dem aus ihren eigenen Reihen Vorbilder erwuchsen für diejenigen, die heute neu zum Segelflug stoßen. Wer kennt nicht die Namen*

Elemente der NS-Ideologie: Totenkult

Unter dem Begriff »Totenkult« versteht man die pseudoreligiöse, kultische Verehrung von (vermeintlich) gleichgesinnten Verstorbenen. Im Nationalsozialismus bezog sich der Totenkult in erster Linie auf frühe Parteimitglieder, die beispielsweise als sogenannte »Blutzeugen« beim gescheiterten Novemberputsch 1923 ihr Leben verloren hatten. Der Totenkult bot den Nationalsozialisten den Anschein von Legitimität und sollte Identifikation mit und Verantwortung für die »Volksgemeinschaft« fördern. Als prominente Beispiele für im NS-Regime kultisch verehrte Verstorbene können Albert Leo Schlageter und Herbert Norkus gelten. Die Nationalsozialisten stilisierten Schlageter – hingerichtet wegen Spionage während der französisch-belgischen Ruhrbesetzung 1923 – zu einem Märtyrer für die nationalsozialistische Bewegung. Leben und Sterben von Herbert Norkus, einem Hitlerjungen, der 1932 von Kommunisten getötet wurde, wurden zur Vorlage des Romans »Hitlerjunge Quex« von Aloys Schenzinger. Auch Norkus wurde als »Blutzeuge der Bewegung« verehrt und sein Todestag zum Trauertag der NS-Jugendorganisationen erklärt. »Hitlerjunge Quex« wurde 1933 von der »Universum Film-AG« verfilmt und erreichte ein Millionenpublikum. Der Totenkult steht in direktem Zusammenhang mit einer »völkisch hergeleiteten, soldatischen Männerbündelei«, das heißt einer Glorifizierung von vermeintlich männlichen und soldatischen Eigenschaften.[1]

[1] Häusler, Alexander: Die Konstruktion soldatischer Männlichkeit im faschistischen Weltbild, in: Bundeszentrale für politische Bildung online, November 2014, URL: https://www.bpb.de/themen/rechtsextremismus/dossier-rechtsextremismus/197049/die-konstruktion-soldatischer-maennlichkeit-im-faschistischen-weltbild/ (eingesehen am 09.05.2023).

Schulz, Groenhoff, Riedel, Dittmar, Hirth und viele mehr, Namen, die jedem Segelflieger Ansporn und Vorbild bedeuten? Auch Opfer zu bringen hat diese Jugend verstanden, das bezeugt der Fliegertod von Groenhoff und manchem seiner Kameraden."[131]

Nahe der Wasserkuppe, in Fulda, wurde von den Nationalsozialisten 1939 sogar das vorherige Herz-Jesu-Krankenhaus in „Günther-Groenhoff-Krankenhaus" umbenannt.[132]

Neben dem Totenkult, der bereits vor 1933 unter den Fliegerkameraden verbreitet war – gedacht sei an Eugen von Loeßl, Boelcke und das Fliegerdenkmal von 1923 – trat die Verehrung derjenigen Jagdflieger, die wie Göring und Christiansen im Ersten Weltkrieg gekämpft hatten und im NS-Regime nun

[131] Deutscher Luftsport-Verband (Hg.): Deutsche Jugend fliege, Berlin 1934.

[132] N.N.: Ein Name, der verpflichtet, in: Fuldaer Zeitung, Fulda 30.01.1939.

Elemente der NS-Ideologie: Führerkult

Adolf Hitler wurde in der nationalsozialistischen Weltanschauung als »Führer«, Heilsbringer, Messias und Erlöser verstanden. Damit ging eine pseudoreligiöse, kultische Verehrung seiner Person einher, die als »Führerkult« bezeichnet wird. Ausdruck des Personenkultes um Hitler, der als »machtpolitischer und ideologischer Bezugspunkt« im Nationalsozialismus fungierte, war unter anderem der »Hitlergruß«.[1] Mit dem Führerkult verbunden war die straff hierarchische Organisation von Partei, Staat und Gesellschaft nach dem »Führerprinzip«, wobei den Oberen bis hin zum »Führer« Hitler absoluter Gehorsam und Disziplin entgegengebracht werden musste. Wie mächtig der Führerkult bis heute nachwirkt, zeigt die verbreitete Wahrnehmung Deutschlands zwischen 1933 und 1945 als »Hitler-Deutschland«.

[1] Thamer, Hans-Ulrich: Ausbau des Führerstaates, in: Bundeszentrale für politische Bildung online, April 2005, URL: https://www.bpb.de/themen/nationalsozialismus-zweiter-weltkrieg/dossier-nationalsozialismus/39550/ausbau-des-fuehrerstaates/#node-content-title-1 (eingesehen am 09.05.2023).

hohe Funktionärspositionen bekleideten. Diese Verehrung lässt sich treffend durch einen pseudoreligiösen Personenkult beschreiben, der im Kleinen und weniger auf eine einzelne Person zentriert an den „Führerkult" um Adolf Hitler erinnert.

Die Wasserkuppe wird in der Propagandabroschüre mit dem Titel „Fliegen – deutsches Schicksal" aus dem Jahr 1942 sogar namentlich erwähnt:

> *„Eine Reihe alljährlich wiederkehrender regionaler und nationaler Segelflug-Wettbewerbe, deren bedeutendster der auf dem Gelände der Reichssegelflugschule Wasserkuppe (Rhön) [...] ist, dient in erster Linie der Förderung des Leistungssegelfluges. Hier trifft sich die Auslese der Segelflieger zum Wettkampf."*[133]

Auch der „Berg der Flieger" nahm also wegen seines besonderen, historisch gewachsenen Pathos in der Propaganda der Nationalsozialisten einen nicht zu ersetzenden Platz ein, obwohl die Wasserkuppe nach 1933 nicht mehr als herausragendes Zentrum der Segelflugbewegung galt.[134]

Die Verführungsmacht der Architektur: Die „Ehrenhalle der Flieger" auf der Wasserkuppe

Was die Wasserkuppe gegenüber allen anderen „Reichssegelflugschulen" und anderweitigen Flugstützpunkten auszeichnete, war die sogenannte „Ehrenhalle der Flieger". Sie wurde am 23. Juli 1939 durch das NSFK eingeweiht. Noch heute ist dieses bauliche Monument der Jugendverführung und dessen Wirkmacht auf der Wasserkuppe authentisch erlebbar. 1939 verfügte der Gebäudekomplex auf der Wasserkuppe neben dem Ringhaus (seit 1924), dem Ursinus-Haus (seit 1925), dem Günther-Groenhoff-Haus (seit 1936) sowie dem Stamer-Haus über das neue Otto-Lilienthal-Haus, in dem auch die Ehrenhalle beherbergt war. Die Räume der alten Martens-Flugschule dienten als Wohnungen.

[133] Ebda, S. 42.

[134] Ocker, Peter: Hans Jacobs. Pionierleben im Flugzeugbau, Heidenheim 2012, S. 75.

Das Schwimm- und Löschwasserbecken vor der "Ehrenhalle der Flieger".
Oben eine Abbildung aus der Zeitschrift "Flugsport" und unten ein Bild aus einem privaten Fotoalbum.

Architektonisch bestimmt wurde das Gesamtensemble vom Otto-Lilienthal-Flügel, dem ein Feuerlöschwasserbecken vorgelagert ist, das wohl auch als Freischwimmbad genutzt worden sein dürfte.[135]

[135] Über die tatsächliche Nutzung des Teiches vor der „Ehrenhalle" ist nur wenig bekannt. In der Zeitschrift „Flugsport" (Jahrgang 31, Heft 16, 1939) wird er als „Freischwimmbad" betitelt. Ob dort wirklich gebadet und danach in der „Ehrenhalle" der toten Kameraden gedacht wurde, ist unklar und mag zu Recht ein wenig befremdlich erscheinen. Es ist dennoch denkbar, dass die Konstruktion gleichzeitig als Sammelbecken für Löschwasser und als Bademöglichkeit für die Jungen auf der Wasserkuppe gedient hat.

In der „Ehrenhalle der Flieger“ befindet sich (noch heute) hinter schweren Bronzetüren, die mit dem Orden „Pour le Mérite“ verziert sind, eine dreifach gestufte Vertiefung im mit dunklem Marmor ausgekleideten Boden. Darin liegt das Kenotaph[136] Otto Lilienthals, zu dessen Füßen der oder die Eintretende seine vermeintlich letzten Worte „Opfer müssen gebracht werden“ liest. An den Wänden rechts und links brachten Fliegerverbände Kränze an. Von entscheidender Bedeutung für die martialische Atmosphäre in der Halle ist das Glasmosaik an der Stirnseite gegenüber der Eingangstür, das die einzige Lichtquelle in der Halle darstellt. Zu sehen ist eine gelbe menschliche Figur auf blauem Hintergrund, die ihre rot und gelb schimmernden Flügel ausbreitet. Einige erkennen in ihm heute den antiken Ikarus. In der historischen Rückschau wird allerdings deutlich, dass mit der Figur ein anderer politischer Bezug

[136] Ein Kenotaph ist ein leeres Grabmal zur Erinnerung an einen Toten, dessen sterbliche Überreste an einem anderen Ort begraben sind.

Blick in die "Ehrenhalle der Flieger". Das Glasmosaik an der Stirnseite gegenüber der Tür ist die einzige Lichtquelle in der Halle, die überwiegend mit dunklem Marmor ausgekleidet ist.

hergestellt werden sollte: Im Rahmen einer Sanierung wurde das Glasmosaik 1978 um ein Hakenkreuz vor der unteren Körperhälfte der Figur bereinigt. Mit diesem Wissen ist die Anlehnung des Glasmosaiks an das Emblem des NSFK nicht mehr zu übersehen. Den Jungen, die auf der Wasserkuppe das Fliegen lernten, bot sich nach dem Betreten der „Ehrenhalle" also das Bild eines von der nationalsozialistischen Ideologie getragenen - man könnte sagen beflügelten - Fliegers hinter einer Figur des „Vaters des Menschenflugs", Otto Lilienthal. Als „Berg der Flieger" mit langer, heldenreicher, sensationeller und teils tragischer Fluggeschichte muss sich die Wasserkuppe aus Sicht der Nationalsozialisten als Kulisse für jenes Bauwerk angeboten haben.

Noch heute erhält man, wenn man den Raum betritt, einen bedrückenden Eindruck der toxischen Wirk- und Verführungsmacht dieses Bauwerkes. Architektonisch lässt sich die „Ehrenhalle der Flieger" auf der Wasserkuppe in das Oeuvre nationalsozialistischer Baukunst einordnen. Der Gesamteindruck des Lilienthal-Gebäudes in der Rhön erinnert an den von den Nationalsozialisten umgestalteten Königsplatz in München. Die beiden „Ehrentempel" des Archi-

Die Eingangstüren zur "Ehrenhalle" sind mit dem Tapferkeitsorden "Pour le Mérite" verziert.

Werbeplakat zum Rhönwettbewerb 1939

tekten Paul Ludwig Troost, die die Nationalsozialisten für die beim Putschversuch 1923 verstorbenen Parteigenossen als „Märtyrer der Bewegung“ errichten ließen, dürften in Konzeption und Gestaltung als Blaupause für die Architektur auf der Wasserkuppe gedient haben.[137]

Am 23. Juli 1939, nur wenige Wochen vor dem deutschen Überfall auf Polen, wurde die „Ehrenhalle“ auf der Wasserkuppe feierlich eröffnet. Neben Korpsführer Friedrich Christiansen und zahlreichen Ehrengästen wohnten etwa 500 Flieger des NSFK den Feierlichkeiten bei. Folgende Worte fand Christiansen zur Eröffnung, bei der in besonderem Maße den gefallenen Kameraden gedacht wurde:

> *„Und diese Männer, die ihr Leben für Deutschlands Luftgeltung eingesetzt und verloren haben, sollen uns allzeit ein mahnendes Vorbild bleiben!“*[138]

Im Anschluss an die Eröffnungszeremonie begann der 20. und letzte Rhönwettbewerb.

Zur Gewinnung und Indoktrination fliegerischen Nachwuchses gehörten neben den „klassischen“ Medien Schrift und Bild auf der Wasserkuppe dementsprechend auch die Architektur des Gebäudekomplexes sowie deren Inszenierung im Rahmen der Eröffnungsfeierlichkeiten. Dass auch Kunst und Architektur von Machthabern politisch-ideologisch vereinnahmt und zu Propagandazwecken missbraucht werden können, ist eine wichtige Erkenntnis bei der Beschäftigung mit den subtilen Wirkmechanismen totalitärer Jugendverführung.

[137] Preußisches Finanzministerium (Hg.): Bauliche Gestaltung des Königsplatzes in München, in: Zentralblatt der Bauverwaltung, 54. Jahrgang, Heft 17, Berlin 1934.

[138] Ursinus, Oskar (Hg.): Fliegerburg der deutschen Jugend, in: Flugsport, Jahrgang 31, Heft 16, 1939.

Unterhaltung und subtile Propaganda: Fliegerei im nationalsozialistischen Film

Neben Schrift, Bild und Kunst bzw. Architektur entfaltete ein innovatives, neues Medium bereits in der Weimarer Republik eine enorme Anziehungskraft auf die Menschen: der Film. Die „laufenden Bilder" griffen wie kein anderes Medium den Zeitgeist der Moderne auf, spiegelten gesellschaftliche Tendenzen und Debatten wider und schufen Vorbilder und Ideale. Während der ersten Hochphase des deutschen Films prägte das sogenannte „Weimarer Kino" Politik und Gesellschaft in der Weimarer Republik. Eine besondere Zäsur markierte hierbei der Übergang vom Stummfilm zum Tonfilm in den späten 1920er-Jahren.[139] Der Filmwissenschaftler Helmut Korte schreibt hierzu:

> *„Als hochentwickeltes Industrieprodukt ist der Film an die technischen Fortschritte dieser Zeit und als Massenmedium und Ware an die Existenz einer möglichst großen und homogenen Abnehmerschaft gebunden."*[140]

Industrialisierung und Urbanisierung der Gesellschaft trugen seit Beginn des 19. Jahrhunderts zur Schaffung eines solchen Publikums bei, mit dem der Film sich später zu einem Massenmedium entwickeln konnte.

Seit ihrer Gründung im Jahr 1917 spielte die „Universum Film AG", kurz „Ufa", im aufstrebenden deutschen Film eine zentrale Rolle. Das deutschnationale und antirepublikanische Klima, das die Ausrichtung der „Ufa" seit ihrer Gründung beeinflusste, erleichterte in den 1930er Jahren die Überführung in die gleichgeschaltete Reichsfilmkammer und somit die Neuausrichtung als Propagandakanal. Die nationalsozialistischen Handlungsträger definierten den Film entsprechend als ein „Medium zur Massenerziehung", wobei Unterhaltungsfilme offensiver Propaganda oftmals vorgezogen wurden.[141] Hierzu notierte Joseph Goebbels, Reichsminister für Volksaufklärung

[139] N.N.: 1918-1933: Weimarer Kino, in: Friedrich-Wilhelm-Murnau-Stiftung online, o.Z., URL: https://www.murnau-stiftung.de/filmbestand/geschichte/weimarer-kino (eingesehen am 03.05.2023).

[140] Korte, Helmut: Film und Realität in der Weimarer Republik, Frankfurt 2016, S. 17.

[141] Filmportal.de: Geheimsache Ghettofilm. Film im NS-Staat, in: Bundeszentrale für politische Bildung online, Mai 2013, URL: https://www.bpb.de/themen/nationalsozialismus-zweiter-weltkrieg/ge-

und Propaganda, 1942 folgendes in sein Tagebuch: „Auch die Unterhaltung ist heute staatspolitisch wichtig, wenn nicht sogar kriegsentscheidend.“[142]

heimsache-ghettofilm/153344/film-im-ns-staat/ (eingesehen am 04.05.2023).

[142] Ebda.

Die "Ufa" und die nationalsozialistische Filmpolitik

Im Januar 1917 wurde auf Geheiß der Obersten Heeresleitung und auf besonderes Betreiben von General Erich Ludendorff das »Bild- und Filmamt« (kurz »Bufa«) geschaffen, das das neue Medium Film für die psychologische Kriegsführung im Ersten Weltkrieg nutzbar machen sollte. Einige Monate später ging aus dem »Bild- und Filmamt« die »Ufa« als Zusammenschluss privater Filmfirmen hervor. Zum Startkapital für die »Ufa« trugen neben der Deutschen Bank auch die Reichsregierung und das Kriegsministerium im Geheimen Geld bei. Nach der Privatisierung 1921 produzierte sie vornehmlich Unterhaltungsfilme wie »Dr. Mabuse« (1922), die gegenüber den Hollywoodfilmen der Zeit konkurrenzfähig waren. Von der Insolvenz bedroht kaufte der Medienmogul Alfred Hugenberg, Vorsitzender der Deutschnationalen Volkspartei, die »Ufa« im März 1927 auf. Nachdem Hugenberg infolge des 30. Januar 1933 zum Reichwirtschaftsminister ernannt wurde, entwickelte sich das Filmunternehmen zunehmend zum Instrument nationalsozialistischer Propaganda. Bis 1937 war die »Ufa« faktisch verstaatlicht und ideologisch vollständig gleichgeschaltet. Im NS-Regime erlebte sie eine Blütezeit und brachte cineastische Stars wie Schauspieler Hans Albers und Regisseur Veit Harlan hervor. Anfang des Jahres 1942 schlossen die Nationalsozialisten schließlich die gesamte deutsche Filmproduktion um die »Ufa« herum zur »Ufa-Film GmbH« (UFI) zusammen. Dennoch kann nur etwa jeder fünfte der zwischen 1933 und 1945 gedrehten Filme als reiner Propagandafilm gelten. Mit einer Vielzahl von Unterhaltungsfilmen, in denen nationalsozialistische Symbole und Organisationen eher subtil auftauchten, versuchte die Reichspropagandaleitung um Reichsminister Joseph Goebbels in erster Linie Prestige und Modernität des nationalsozialistischen Staates zu unterstreichen.

Im Folgenden sollen „Wunder des Fliegens“ (1935) und „Junge Adler“ (1944) als zwei Filme aus der Zeit mit Bezug zum Fliegen näher betrachtet werden, um Strategien und Umsetzung nationalsozialistischer Propaganda im innovativen Medium Film an Beispielen zu erfassen. Als Blaupause für die cineastische Jugendverführung durch die Faszination des Fliegens nach 1933 kann der Ufa-Film „F.P.1 antwortet nicht“ betrachtet werden, der 1932 unter der Regie von Karl Hartl sowie unter Mitwirkung von Hans Albers entstand. Bei „F.P.1 antwortet nicht“ handelt es sich um einen Science-Fiction-Film, in dem die Idee eines Flugzeugträgers vorgezeichnet wird. Dieser soll bei Interkontinentalflügen eine Landemöglichkeit zwecks Versorgung und Reparaturen bieten. Der Film basiert auf dem gleichnamigen Roman des jüdischen Autors Kurt Siodmak. Auf Betreiben von Kapitänleutnant Droste wird im Film eine solche Plattform im Atlantik errichtet. Der von Hans Albers gespielte Pilot Ellissen nähert sich unterdessen Claire Lennartz, der Schwester des Werftinhabers, der das Projekt „F.P.1“ realisiert, an. Nichtsdestotrotz bricht er zu einer Weltreise auf. Claire beginnt nun eine Beziehung zu Kapitänleutnant Droste. Als zwei Jahre später der Kontakt zur fertiggestellten „Flugplattform 1“ („F.P.1“) abreißt, fliegt der zurückgekehrte Ellissen gemeinsam mit Claire den Flugzeugträger an. Es stellt sich heraus, dass ein Saboteur die „F.P.1“ zu versenken versucht. Durch das Eingreifen von Claire und Ellissen kann die Besatzung gerettet werden.

Für den Ufa-Film "Rivalen der Luft" (1934) fanden Dreharbeiten auf der Wasserkuppe statt.

Mit „F.P.1 antwortet nicht“ lieferte Karl Hartl vor 1933 zahlreiche vorbildhafte Anknüpfungspunkte für spätere NS-Propagandafilme. Dazu zählen ausgehend vom Fliegerlied „Flieger, grüß mir die Sonne“ der Kult um alles Männliche, das Motiv des Fliegerhelden Ellissen sowie die Montage einer unterhaltsamen Liebesgeschichte einer Frau, die zwischen zwei Männern steht, in den eigentlichen Handlungsstrang. Letzteres ist auch für den Ufa-Propaganda-Film „Rivalen der Luft“ aus dem Jahr 1934 charakteristisch, an dem neben Hanna Reitsch auch die bekannten Piloten Edgar und Heini Dittmar, Wolf Hirth und Fritz Stamer fliegerisch mitwirkten. Sie alle flogen auch auf der Wasserkuppe. Ihre persönliche Popularität und das Pathos des „Bergs der Flieger“ dürften sich mit Blick auf den cineastischen Erfolg von „Rivalen der Luft“ wechselseitig unterstützt haben.

„Wunder des Fliegens“ gehört mit seinem Erscheinungsjahr 1935 zu den frühen nationalsozialistischen Propagandafilmen. Er wurde von der „Terra Film AG“ unter Regie von Heinz Paul und von dem bekannten Kameramann Hans Schneeberger gedreht. Hauptperson ist der flugbegeisterte Heinz Muthesius, der seinen jagdfliegenden Vater im Ersten Weltkrieg verloren hat. Nach einem Zusammenstoß seines Modellflugzeugs mit Ernst Udets „Flamingo“ lernt der Junge den bekannten Kunst- und ehemaligen Jagdflieger Udet kennen, der sich selbst spielt. Nach einem gemeinsamen Rundflug in dessen Flugzeug reist Heinz trotz ausdrücklichen Verbots der Mutter nach Berlin, um die dortige Flugschau und Udet zu besuchen. Udet überzeugt schließlich die Mutter, der Flugbegeisterung ihres Sohnes nachzugeben, sodass Heinz eine Gleit- und Segelflugausbildung beginnt. Wegen eines Unwetters während eines Segelflugs auf der Zugspitze muss Heinz sich mit dem Fallschirm retten. Udet findet den Jungen nach langer Suche auf und tröstet ihn mit den Worten „Jugend muss wagen!“. In der letzten Einstellung von „Wunder des Fliegens“ überblendet ein Adler, der ein Hakenkreuz in den Krallen trägt, eine Fliegerformation – untermalt von der gesungenen Zeile „Das Herz gehört dem Vaterland“.

Der bekannte Pilot Ernst Udet am Steuer eines Segelflugzeugs vom Typ "Rhönsperber"

Heinz Paul, Oberleutnant im Ersten Weltkrieg und ab 1933 Mitglied der „NS-Betriebszellen-Organisation deutschstämmiger Filmregisseure“, gelang es mit „Wunder des Fliegens“, die Suggestivkraft des Filmes, unterstrichen von Musik und der Bildgewalt der Flugszenen, optimal zu nutzen, um für das Fliegen zu begeistern. Das Motiv des erfahrenen Kriegsfliegers Udet, der den Sohn seines ehemaligen Kriegskameraden das Fliegen lehrt, passt sich nahtlos in die nationalsozialistische Darstellung der Fluggeschichte vor 1933 ein: Ein Gleichlauf zum Propagandamythos von der Wasserkuppe lässt sich an zwei Motiven erkennen: einerseits die Heroisierung der ehemaligen Weltkriegsflieger – wie im Film Udet, Richthofen, Boelcke und die fiktive Figur des Vater Muthesius, andererseits in der Erzählung von jenen erfahrenen Fliegern, die der begeisterten Jugend in den 1920er-Jahren zur Seite gestanden hätten. Eine weitere Gemeinsamkeit zur schriftlichen Propaganda besteht in der Wendung an besorgte Eltern, hier dargestellt durch Mutter Muthesius. Darüber hinaus verkörpert Heinz Muthesius das Idealbild eines tüchtigen und gehorsamen Jungen, der gleichzeitig als Vorbild und Identifikationsfigur für die Zuschauer fungiert. Mit der Montage von Archivmaterial und Originalaufnahmen – unter anderem von Manfred von Richthofen – implizieren die Macher gekonnt die Verbindung des Fliegens zu Abenteuerlust sowie Mut, Disziplin und Opferbereitschaft als soldatische Tugenden. Entscheidend für den Erfolg des Propagandastreifens war wohl auch, dass die Unterhaltung und die Faszination des zivilen Fliegens in „Wunder des Fliegens" in den Vordergrund gestellt werden, während die NS-Insignien und die militärischen Facetten des Fliegens durch Vater Muthesius und Udet dennoch latent präsent sind.

Erschienen 1944, ist „Junge Adler" einer der Propagandafilme der Spätphase des „Dritten Reiches", nachdem Joseph Goebbels in seiner „Sportpalastrede" im Februar 1943 den „totalen Krieg" ausgerufen hatte. Der 108-minütige Ufa-Film von Alfred Weidenmann ist mit Hardy Krüger Senior als segelfliegender Lehrling Baum und Willy Fritsch als Ausbildungsleiter Roth aus heutiger Perspektive hochkarätig besetzt. Hauptperson des Filmes ist Theo Brakke, der arrogante Sohn des Direktors eines Flugzeugwerkes. Als erzieherische Maßnahme lässt der Vater ihn eine Lehre in seinem Flugzeugwerk beginnen, wo er den anderen zunächst mit Überheblichkeit begegnet. Erst als die Gruppe ihn vor dem Ertrinken rettet, lernt Theo den Wert von Kameradschaft und Gemeinschaft im Rüstungsbetrieb zu schätzen. Nach einem Brand im Werk arbeiten die Jungen auch unter Theos Führung Tag und Nacht, um den entstandenen Schaden wieder auszugleichen.

Mit der Verherrlichung des Alltags in einem Rüstungsbetrieb schafft der Film Ideale für Jugendliche, während die harte Realität des Lebens der Menschen nach der Ausrufung des „totalen Krieges“ im Jahr 1943 vollständig verleugnet wird. Während die Zivilbevölkerung unter der völligen Indienstnahme aller verfügbaren wirtschaftlichen und gesellschaftlichen Kräfte für den Krieg litt, bot „Junge Adler“ einen fiktiven Zufluchtsort für das Publikum. So dürfen die Lehrlinge im Film in einem Sommerlager Segelfliegen, wodurch die sportlich-zivile Seite des Fliegens bildgewaltig inszeniert wird, und veranstalten ein Werkkonzert mit eigens komponierten Stücken. Durch die Parallelität der Werte Zusammengehörigkeitsgefühl, Gemeinschaft, Pflicht und Disziplin im Flugzeugwerk werden der reale Krieg und Rüstung dennoch subtil positiv konnotiert. Auch der nationalsozialistische Männerkult wird in „Junge Adler“ anschaulich dargestellt, beispielsweise als zwei Auszubildende ihren Konflikt auf Geheiß des Ausbilders buchstäblich mit den Fäusten austragen. Noch 1944 präsentierte die nationalsozialistische Führung

Der "totale Krieg"

Der Begriff »totaler Krieg« wird bereits seit dem 18. Jahrhundert verwendet. Aus heutiger Perspektive wird er in erster Linie mit der Rede verbunden, die Propagandaminister Joseph Goebbels am 18. Februar 1943 unter dem Eindruck der Niederlage der 6. Armee bei Stalingrad im Rahmen einer Großkundgebung im Berliner Sportpalast hielt. Seine Frage »Wollt ihr den totalen Krieg?« beantwortete das Publikum, das ausschließlich aus ausgewählten Parteitreuen bestand, mit frenetischem Jubel. Die »Sportpalastrede« markiert den Übergang zu einer absoluten Kriegsführung der Nationalsozialisten im Zweiten Weltkrieg, bei der alle verfügbaren Ressourcen an Arbeitskraft und Kapital für den Krieg genutzt werden sollten. Hierzu wurde die Unterscheidung zwischen Heimat und Front aufgehoben. Männer zwischen 16 und 65 Jahren sowie Frauen zwischen 17 und 45 Jahren wurden zur »Reichsverteidigung« verpflichtet und die tägliche Arbeitszeit auf bis zu 14 Stunden erhöht. Damit einher ging eine Verschärfung des Kriegsstrafrechts und des Terrors gegen (vermeintlich) Andersdenkende.

männlichen Jugendlichen das Fliegen als absolute Sehnsucht, für die es sich freiwillig Tag und Nacht zu arbeiten lohne. Interessant ist, dass die Identifikationsfiguren für das Publikum in „Junge Adler" aus der Gruppe der Lehrlinge des Flugzeugwerkes entstammen und der Luftwaffe somit eher indirekt zuarbeiten. In früheren NS-Propagandafilmen wurde eher der Beruf des prestigebehafteten Piloten selbst inszeniert, während in Filmen aus der Kriegszeit auch fliegerisches Werk- und Bodenpersonal dargestellt wurde, da jenes aufgrund der hohen Verluste an Flugzeugen besonders benötigt wurde.

Zu den Strategien der NS-Filmpropaganda gehörte eine starke Polarisierung, durch dem Publikum entweder „idealisierte gesellschaftliche Wunschbilder oder radikale Feindbilder" präsentiert wurden – bestimmt von Rassenlehre, Antisemitismus und Volksgemeinschaft als identitäre Elemente der nationalsozialistischen Weltanschauung.[143] Als absolute, unantastbare Helden werden in „Wunder des Fliegens" die Flieger des Ersten Weltkrieges inszeniert. In der Suggestivkraft des Filmes erkannten die Nationalsozialisten ein entscheidendes Instrument bei der ideologischen Vereinnahmung und Mobilisierung von Massen. Bedeutende Elemente der nationalsozialistischen Ideologie wurden massentauglich präsentiert und eindeutig besetzt, sodass sie sich in die Propaganda in Schrift, Wort und Bild einpassten.[144]

Die Luftwaffe und der militärische Segelflug im Zweiten Weltkrieg

Nachdem die junge Luftwaffe bereits infolge des 7. März 1936 bei der Remilitarisierung des Rheinlands eingesetzt wurde, entwickelte sich der Spanische Bürgerkrieg zum entscheidenden Erprobungsfeld für die nationalsozialistische Fliegertruppe.

Aus dem Einsatz in Spanien von 1936 bis 1939 zogen die Verantwortlichen in der deutschen Luftwaffe entscheidende materielle und kriegstaktische Konsequenzen, die sich in der Luftkriegsführung des Zweiten Weltkriegs niederschlugen.

[143] Ebda.

[144] Ebda.

Hierzu gehören die Schulung und der unmittelbare Kriegseinsatz der Streitkräfte sowie der Befehlshaber, aber auch die Erprobung verschiedener Flugzeugtypen – besonders des Jagdeinsitzers Messerschmitt Bf 109.

Die nationalsozialistische Luftwaffe im Spanischen Bürgerkrieg 1936-1939

Ab dem 17. Juli 1936 kämpften die faschistischen Truppen des Generals und späteren Diktators Francisco Franco gegen die Zweite Spanische Republik, die erst 1931 ausgerufen worden war.[1] Das nationalsozialistische Deutschland sowie das faschistische Italien unterstützten hierbei die Nationalspanier um Franco, auch mit Flugzeugen und Bombern. Nachdem der Bürgerkrieg mit einem Militärputsch unter der Führung Francos in der damaligen spanischen Kolonie Marokko begonnen hatte, mussten rund 15.000 marokkanische Soldaten und spanische Legionäre von dort aufs spanische Festland gebracht werden. Diesen Lufttransport führte Oberleutnant Rudolf Freiherr von Moreau im Auftrag der deutschen Luftwaffenführung durch. Insgesamt wurden in deutschen Maschinen rund 13.500 Soldaten und rund 270 Tonnen Kriegsmaterial nach Spanien transportiert.[2] Im November 1936 wurde auf deutscher Seite aus Freiwilligen zur Unterstützung der Putschisten die »Legion Condor« aufgestellt – anfangs bestehend aus rund 19.000 Soldaten, 36 Behelfsbombern, 36 Jagdflugzeugen und insgesamt 22 Land- und Seeaufklärern.[3] Geführt wurde die »Legion Condor« von Generalmajor Hugo Sperrle, ab 1937 von Generalmajor Hellmuth Volkmann und schließlich von November 1938 bis Kriegsende im April 1939 von Wolfram Freiherr von Richthofen.[4] Sie war für den Fliegerangriff auf die baskische Kleinstadt Guernica am 26. April 1937 verantwortlich, der als Symbol für die Brutalität des Spanischen Bürgerkrieges in die Geschichte einging. Die Existenz des Luftwaffenverbands »Legion Condor« wurde von deutscher und spanischer Seite bis 1939 geleugnet.

[1] Bundeszentrale für politische Bildung: Vor 80 Jahren: Beginn des Spanischen Bürgerkriegs, in: Bundeszentrale für politische Bildung online, Juli 2016, URL: https://www.bpb.de/kurz-knapp/hintergrund-aktuell/231078/vor-80-jahren-beginn-des-spanischen-buergerkriegs/ (eingesehen am 24.05.2023).

[2] Schliephake, Hanfried: Wie die Luftwaffe wirklich entstand. Der Aufbau zwischen den beiden Weltkriegen, Stuttgart 1972, S. 59. 3 Cescotti, Roderich und Roeder, Jan: Militärluftfahrt, in: Bölkow, Ludwig (Hg.): Ein Jahrhundert Flugzeuge, Düsseldorf 1990, S. 394 f.

[4] Schliephake, Hanfried: Wie die Luftwaffe wirklich entstand. Der Aufbau zwischen den beiden Weltkriegen, Stuttgart 1972, S. 61.

Außerdem etablierte die Luftwaffenführung eine enge Kooperation der Luftwaffe mit den Landstreitkräften und es kam im Zuge dessen zu einer Vernachlässigung des operativen Bombereinsatzes.[145] Letzteres steht in direktem Zusammenhang zum Fehlen eines schweren Langstreckenbombers auf deutscher Seite im Zweiten Weltkrieg.

Auch bei der deutschen Besetzung Österreichs im März 1938 sowie beim Einmarsch deutscher Truppen ins Sudetenland im Oktober 1938 wurden Luftwaffenverbände eingesetzt. Obwohl wegen des geringen Widerstandes der Tschechoslowakei kein direktes Eingreifen nötig war, sammelten die Fallschirm- und Luftlandetruppen im Sudetenland erste Erfahrungen. Auf Geheiß Hitlers begann der Generalstab der Luftwaffe 1938 mit der Ausarbeitung eines auf drei Jahre angelegten Luftrüstungsprogramms, das maßgeblich durch General der Flieger Hellmuth Felmy beeinflusst wurde.[146]

Mit dem deutschen Überfall auf Polen begann am 1. September 1939 der Zweite Weltkrieg. In der für das nationalsozialistische Deutschland überaus erfolgreichen Blitzkriegsphase 1939/1940 errangen die deutschen Soldaten schnelle Erfolge gegen Polen (1939), Dänemark und Norwegen (1940) sowie Belgien, die Niederlande und Frankreich (1940). Die Luftwaffe fungierte hier überwiegend als „unterstützendes Element des Landkrieges".[147] Besonders kurios war im Zusammenhang mit dem Segelflug auf der Wasserkuppe die

[145] Cescotti, Roderich und Roeder, Jan: Militärluftfahrt, in: Bölkow, Ludwig (Hg.): Ein Jahrhundert Flugzeuge, Düsseldorf 1990, S. 394 f.

[146] Schliephake, Hanfried: Wie die Luftwaffe wirklich entstand. Der Aufbau zwischen den beiden Weltkriegen, Stuttgart 1972, S. 70.

[147] Cescotti, Roderich und Roeder, Jan: Militärluftfahrt, in: Bölkow, Ludwig (Hg.): Ein Jahrhundert Flugzeuge, Düsseldorf 1990, S. 399.

Schlacht von Fort Eben-Emael vom 10./11. Mai 1940 zwischen deutschen und belgischen Streitkräften. Am 11. Mai nahmen deutsche Truppen die strategisch wichtige Festung Fort Eben-Emael in Belgien ein. Entscheidend hierfür war der Einsatz von Lastenseglern, die per Motorschlepp nahe Köln starteten und nach geräuschlosem Gleitflug auf dem Dach des Forts landeten. Zeitgleich eroberten Lastensegler-Soldaten die strategisch wichtigen Brücken am Albert-Kanal. Der Einsatz dieser Lastensegler ist auf die Initiative Kurt Students zurückzuführen. Sein Erstkontakt mit dem Segelflug hatte knapp 20 Jahre zuvor auf der Wasserkuppe stattgefunden. Die Einnahme des Forts und der Brücken war elementarer Teil des deutschen Westfeldzugs und Voraussetzung für den deutschen Einmarsch in die Benelux-Staaten und Frankreich.

Die deutsche Luftwaffe erwies sich im Verlauf des Krieges – auch wegen Abnutzungserscheinungen und einem Mangel an Piloten – gegenüber der alliierten Luftübermacht als unterlegen.[148] Bezeichnend ist die Luftschlacht um England mit Beginn im August bzw. September des Jahres 1940, welche die deutsche Luftwaffe wegen hoher Verluste bereits nach wenigen Wochen einstellte. Darüber hinaus traten die deutschen Truppen in der Luft noch in weiteren Gefechten in Erscheinung. Zu nennen ist hier die Schlacht um Kreta im Sommer 1941. Unter Inkaufnahme hoher materieller und personeller Verluste eroberten die Nationalsozialisten die griechische Insel, der eine besondere strategische Bedeutung zugeschrieben wurde. Entscheidend für die Einnahme Kretas waren die Luftlande- und Fallschirmjägerverbände unter Kurt Student. Trotz der insgesamt negativen Bilanz der Luftwaffe spielte sie wegen ihres hohen Prestiges in der deutschen Propaganda eine bedeutsame Rolle. So feierte die NS-Propaganda die Eroberung Kretas als einen „Sieg der Kühnsten“.[149] Auch die Befreiung des italienischen Diktators Benito Mussolini durch deutsche Fallschirmjäger im Rahmen des sogenannten „Unternehmen Eiche“ im September 1943 wurde massiv propagandistisch ausgeschlachtet. Sowohl auf Kreta als auch bei der Befreiung Mussolinis wurden Lastensegler eingesetzt.

Über 17 Millionen Soldaten kämpften zwischen 1939 und 1945 für die deut-

[148] Ebda, S. 400.

[149] Kister, Kurt: Kampf um Kreta – Tod aus der Luft, in: Süddeutsche Zeitung online, Mai 2016, URL: https://www.sueddeutsche.de/politik/zweiter-weltkrieg-kampf-um-kreta-tod-aus-der-luft-1.2997638-0 (eingesehen am 24.05.2023).

sche Wehrmacht. Rund 2,5 Millionen von ihnen gehörten im Jahr 1943 der Luftwaffe an. Groben Schätzungen zufolge verloren im Zweiten Weltkrieg zwischen 60 und 80 Millionen Menschen ihr Leben. Auch die deutsche Luftwaffe hatte ihren Anteil daran. Ohne die Rekrutierung und Ausbildung junger Männer zu Piloten und fliegerischem Bodenpersonal wäre die Aufrechterhaltung der deutschen Luftwaffe nach Kriegsbeginn wegen der hohen Verluste an Material und Menschenleben nicht möglich gewesen.

Die Wasserkuppe und ihre Geschichte sind in diesem Zusammenhang auf drei Ebenen von Bedeutung: Erstens wurde das Pathos des „Bergs der Flieger" als Anknüpfungspunkt für die nationalsozialistische Propaganda zur Gewinnung jugendlichen Nachwuchses missbraucht. Zweitens entwickelte die Wasserkuppe sich in den 1920er- und 1930er-Jahren zu einem Sammlungspunkt für Menschen, die für den Aufbau und die Arbeit der nationalsozialistischen Luftwaffe in den Jahren danach entscheidend waren. Und drittens wurden in der „Reichssegelflugschule" auf der Wasserkuppe ab 1933/1934 Hunderte von Jungen zu Piloten sowie fliegerischem Bodenpersonal ausgebildet, die im Zweiten Weltkrieg die nationalsozialistische Luftwaffe speisten.

Die Wasserkuppe nach 1945: Horchposten und Landmarke

Nach der bedingungslosen Kapitulation der deutschen Wehrmacht am 8./9. Mai 1945 gehörte die Wasserkuppe bis zur Wiedervereinigung der beiden deutschen Teilstaaten der amerikanischen Besatzungszone an. Ihr gesamter Gipfelbereich samt den Gebäuden der ehemaligen Flugschule der RRG, den Räumlichkeiten der ehemaligen „Reichssegelflugschule", dem „Ursinus-Haus", dem „Groenhoff-Haus", den bisher für den Gummiseilstart genutzten Hängen sowie dem gesamten „Otto-Lilienthal-Flügel" wurde zu militärischem Sperrgebiet erklärt.[150] Im Zuge dessen waren zunächst bis Oktober 1945 amerikanische Soldaten auf dem Gipfel stationiert. Das „Ursinus-Haus", das ab 1934 als „Reichswetterwarte" betrieben worden war, wurde nach 1945 vom Deutschen Wetterdienst bezogen. In den Folgejahren nach dem Ende des Zweiten Weltkrieges installierte die britische „Royal Air Force" eine Fernmeldestation auf der Wasserkuppe, während US-Streitkräfte eine Radiostation unterhielten. Die „Lilienthal-Ehrenhalle" erhielten die amerikanischen Soldaten penibel in dem Zustand, in der sie sie 1945 vorgefunden hatten. Im Rahmen einer Sanierung wurde 1978 lediglich ein Hakenkreuz aus dem Glasbild in der Halle entfernt. Im Januar 1947 errichteten amerikanische Soldaten darüber hinaus ein mobiles Radargerät auf dem Gipfel. Die Radarstation übernahm die „US Air Force" drei Jahre später vollständig. Zwischen 1958 und 1962 entstanden unter amerikanischer Ägide fünf Radome[151], wobei eines 1964 wieder abgebaut wurde. In den Kuppeln befanden sich Rundumsuch- und Höhensuch-Radargeräte, die wegen ihrer Lage unmittelbar an der innerdeutschen Grenze – und damit an der Grenze zwischen den Westmächten und dem „Ostblock" im Kalten Krieg – von immenser strategischer Bedeutung waren. Mit ihrer Hilfe gelang das Abhören von Funkverkehr

[150] N.N.: Geschichte des Radoms. Landmarke, Kulturdenkmal, Ausflugsziel, Event-Location, in: Radom Wasserkuppe online, o.Z., URL: https://radom-wasserkuppe.de/geschichte/ (eingesehen am 12.06.2023).

[151] Das Wort „Radom" ist zusammengesetzt aus den englischen Begriffen „radar dome" und bezeichnet eine Radarkuppel. Die geschlossene Hülle soll die unter ihr befindlichen Messantennen vor äußeren Einflüssen, zum Beispiel vor Wetter, schützen.

aus dem kommunistischen Ausland sowie die Überwachung des Luftraumes der gesamten DDR und über Teilen Polens. Im Jahr 1979 übernahm die inzwischen neugegründete Bundeswehr die Aufgaben der Luftraumüberwachung im Auftrag der NATO von den Amerikanern. Bis 1990 wurde ein neuer, noch bestehender Radarturm errichtet, der jedoch vor dem Hintergrund des Endes des Kalten Krieges nie in Betrieb genommen wurde. Die anderen, nun leerstehenden Türme wurden sukzessive abgebaut.

Wie 1950 der „Deutsche Aero-Club" in Gersfeld gründeten sich nach Kriegsende zahlreiche Fliegervereine und -verbände neu. Ein Jahr später fiel das westalliierte Verbot über Bau und Besitz von Segelflugzeugen, woraufhin sich rund 50.000 Menschen auf der Wasserkuppe versammelten, um zu feiern und ihrer gefallenen Fliegerkameraden zu gedenken. Anwesend waren neben Oskar Ursinus auch Kriegsveteranen und Konstrukteure.[152] Ab 1954 wurde auf der Wasserkuppe wieder geflogen und das Fluginventar nach und nach um modernes Flug- und Flugbetriebsmaterial erweitert. Nach der Wiedervereinigung 1990 lag die Wasserkuppe wieder im geographischen Herzen Deutschlands. Bis 2004 zog sich das Militär vollständig von der Kuppe zurück, das Radom kann inzwischen als geschütztes Kulturdenkmal besichtigt werden und gilt als Landmarke der Wasserkuppe. Heute fungiert es als Vereinsheim für Drachen- und Gleitschirmflieger aus der Region. Das Deutsche Segelflugmuseum mit Modellflug hält die Erinnerung an die facettenreiche Geschichte des „Bergs der Flieger" auf dem Gipfel der Wasserkuppe wach.

[152] Rost, Thomas: „Fest der Freude". Wiederzulassung Segelflug, in: DSMM online, August 2021, URL: https://www.segelflugmuseum.de/index.php/aktuelles (eingesehen am 12.06.2023).

Der „Berg der Flieger“ als Ort der Erinnerung und Mahnung

Anhand der Geschichte des Fliegens auf der Wasserkuppe bis 1945 sollte ihre Komplexität und die Notwendigkeit einer differenzierten Darstellung deutlich werden. Den geschichtswissenschaftlichen Kategorien „Kontinuität“ und „Wandel“ kommt hierbei eine besonders große Bedeutung zu. Einerseits nehmen wir in der Geschichte der Wasserkuppe drei Perioden wahr (1880er-Jahre bis 1920, 1920 bis 1932 sowie 1933 bis 1945), deren Einschnitte sich im historischen Rückblick erkennen lassen. Gleichzeitig ist es geboten, diese Abschnitte nicht nur jeweils für sich, sondern viel mehr als Kapitel derselben Geschichte zu erfassen, die von jeweiligen Kontinuitäten beeinflusst wurden. Schließlich ist die Unterteilung von Geschichte in verschiedene Zeitabschnitte ein Vorgang, der sich ausschließlich aus der rückblickenden Perspektive realisieren lässt. Zeitgenossinnen und Zeitgenossen hätten vermutlich nicht die gleichen Zäsuren festgestellt, die aus der Retrospektive ausgemacht werden können. Solche Zäsuren sind weiterhin in ihrer Bedeutsamkeit nicht zu überschätzen. Als Beispiel hierfür kann die „Himmeroder Denkschrift“ aus dem Jahr 1950 gelten. Im Auftrag des Bonner Kanzleramtes formulierten vermeintlich „unbelastete“ ehemalige hohe Wehrmachtsoffiziere darin Leitlinien und Empfehlungen für die angedachte westdeutsche Wiederbewaffnung. Zum Segelflug liest man hier: „Zur Hebung des fliegerischen Gedankens in der Jugend ist [die] sofortige Aufhebung des Verbots des Segelflugsportes in ganz Deutschland notwendig.“[153] Dieser Satz erinnert an den Geist der propagandistischen Jugendverführung durch das Fliegen in den 1930er-Jahren.

Das kontinuierliche Wirken derselben Personenkreise mit nur geringer Fluktuation spricht für eine zusammenhängende Betrachtung der Fluggeschichte auf der Wasserkuppe in der ersten Hälfte des 20. Jahrhunderts. Dennoch sollte davor gewarnt werden, sie aus der historischen Rückschau

[153] Rautenberg, Hans-Jürgen und Wiggershaus, Norbert: Die „Himmeroder Denkschrift“ vom Oktober 1950, Karlsruhe 1985, S. 52.

rein unter dem Gesichtspunkt des Weges in den Nationalsozialismus zu untersuchen. Ein solcher Ansatz würde dem Facettenreichtum des „Bergs der Flieger“ als Sammlung- und Ausbildungsort von Flugbegeisterten, Schauplatz bahnbrechender technischer Innovationen sowie Symbol fliegerischer Vernetzung in ganz Europa nicht gerecht werden.

Als Kulisse nationalsozialistischer Instrumentalisierung Jugendlicher muss die Wasserkuppe jedoch unbedingt auch, aber eben nicht ausschließlich, als Chiffre für die Abgründe der NS-Diktatur verstanden werden. Dementsprechend ist entscheidend, dass die Institutionen, die gegenwärtig an die Fluggeschichte der Wasserkuppe erinnern, sich auch der Aufarbeitung der Geschichte der Wasserkuppe zwischen 1933 und 1945 widmen. Dies kann jedoch nicht die Aufgabe einzelner Personen oder Institutionen sein, sondern muss vielmehr als gesamtgesellschaftlicher Auftrag verstanden werden. Dabei ist aus Sicht der historisch-politischen Bildung eine entsprechend umfangreiche und differenzierte pädagogisch-didaktische Begleitung für die Entwicklung der Wasserkuppe zum Lern- und Erinnerungsort unerlässlich. Auf diese Weise ist es möglich, der Fluggeschichte auf der Wasserkuppe zu gedenken und sie in Bezug zu zeitgenössischen politischen Entwicklungen zu setzen. Die Aufklärung über historische Formen von Propaganda und die politische Indienstnahme von technikbegeisterten Jugendlichen sowie von Wissenschaftlerinnen und Wissenschaftlern bereitet die Grundlage für die Prävention ähnlicher Entwicklungen in der Gegenwart und stärkt den Einsatz für demokratische Strukturen. Denn die Fliegerei wird immer faszinierend bleiben, sie verbindet Welten und bringt Menschen zusammen. Ein Flugzeug, das wir am Himmel sehen, lässt uns vom Fliegen träumen, vom Überwinden der Schwerkraft und vom Reisen. Es erzählt bei genauerem Hinsehen aber auch die komplexe Geschichte vom Aufstieg der Fliegerei im 20. Jahrhundert – wobei die Wasserkuppe in der hessischen Rhön ein bedeutsamer Schauplatz dieser Geschichte war.

Quellenverzeichnis

August-Euler-Förderverein Luftfahrt-Museum: August Euler, o.Z., URL: https://www.august-euler-museum.de/geschichte/august+euler/ (eingesehen am 30.03.2023).

Bundeszentrale für politische Bildung: Krieg in den Medien. Was ist Propaganda?, in: Bundeszentrale für politische Bildung online, Oktober 2011, URL: https://www.bpb.de/themen/medien-journalismus/krieg-in-den-medien/130697/was-ist-propaganda/ (eingesehen am 09.05.2023).

Bundeszentrale für politische Bildung: Vor 80 Jahren: Beginn des Spanischen Bürgerkriegs, in: Bundeszentrale für politische Bildung online, Juli 2016, URL: https://www.bpb.de/kurz-knapp/hintergrund-aktuell/231078/vor-80-jahren-beginn-des-spanischen-buergerkriegs/ (eingesehen am 24.05.2023).

Cescotti, Roderich und Roeder, Jan: Militärluftfahrt, in: Bölkow, Ludwig (Hg.): Ein Jahrhundert Flugzeuge, Düsseldorf 1990.

Christiansen, Friedrich (Hg.): Ein Jahr NS-Fliegerkorps 1937/38, Berlin 1938.

Christiansen, Friedrich (Hg.): Lernt Segelfliegen, Berlin, o.Z.

Deutscher Luftsport-Verband (Hg.): Deutsche Jugend fliege, Berlin 1934.

Deutsches Segelflugmuseum mit Modellflug Wasserkuppe: 100 Jahre Segelflug, in: DSMM-Post, Frühjahr 2011, URL: https://www.segelflugmuseum.de/dsmm/16-2011.pdf (eingesehen am 09.03.2023).

El Ouassil, Samira: „Ein Krieg sollte nicht wie ein Kinofilm konsumiert werden“, in: fluter online, Juni 2022, URL: https://www.fluter.de/ukraine-krieg-soziale-medien-interview (eingesehen am 21.06.2023).

Filmportal.de: Geheimsache Ghettofilm. Film im NS-Staat, in: Bundeszentrale für politische Bildung online, Mai 2013, URL: https://www.bpb.de/themen/nationalsozialismus-zweiter-weltkrieg/geheimsache-ghettofilm/153344/film-im-ns-staat/ (eingesehen am 04.05.2023).

Fraport: Zahlen, Daten, Fakten, in: Fraport online, 2023, URL: https://www.fraport.com/de/konzern/ueber-uns/zahlen--daten-und-fakten1.html (eingesehen am 21.06.2023).

Häusler, Alexander: Die Konstruktion soldatischer Männlichkeit im faschistischen Weltbild, in: Bundeszentrale für politische Bildung online, November 2014, URL: https://www.bpb.de/themen/rechtsextremismus/dossier-rechtsextremismus/197049/die-konstruktion-soldatischer-maennlichkeit-im-faschistischen-weltbild/ (eingesehen am 09.05.2023).

Hirth, Wolf: Vom Segelflug und Segelflugzeug, in: Deutsches Museum: Abhandlungen und Berichte, 10. Jahrgang, Heft 4, Berlin 1938.

Jenrich, Joachim: Das Fliegerdenkmal auf der Wasserkuppe, in: Rhönline, 2004, URL: https://www.rhoenline.de/fliegerdenkmal.html (eingesehen am 16.03.2023).

Jenrich, Joachim: Raketenflug in der Rhön, in: Rhönline, o.Z., URL: https://www.rhoenline.de/raketenflug.html (eingesehen am 17.03.2023).

Jenrich, Joachim: Von den Anfängen bis heute: 1911-2011 – 100 Jahre Segelflug auf der Wasserkuppe, in: Jahrbuch des Landkreises Fulda 2010/2011.

Kister, Kurt: Erster Weltkrieg. Wie der Krieg das Fliegen lernte, in: Süddeutsche Zeitung online, Januar 2018, URL: https://www.sueddeutsche.de/politik/erster-weltkrieg-wie-der-krieg-das-fliegen-lernte-1.3810981-0#seite-2 (eingesehen am 09.03.2023).

Kister, Kurt: Kampf um Kreta – Tod aus der Luft, in: Süddeutsche Zeitung online, Mai 2016, URL: https://www.sueddeutsche.de/politik/zweiter-weltkrieg-kampf-um-kreta-tod-aus-der-luft-1.2997638-0 (eingesehen am 24.05.2023).

Lenzen, Manuela: Was ist Sozialdarwinismus?, in: Bundeszentrale für politische Bildung online, Oktober 2015, URL: https://www.bpb.de/themen/rechtsextremismus/dossier-rechtsextremismus/214188/was-ist-sozialdarwinismus/ (eingesehen am 11.04.2023).

Link, Thorsten: Gottlob Espenlaub. Verrückt, verpönt, vergessen, in: Kues-Magazin online, 2020, URL: https://www.kues-magazin.de/gottlob-espenlaub/ (eingesehen am 30.03.2023).

Luftsportzentrum Wasserkuppe: Über 100 Jahre Flugsportgeschichte auf der Wasserkuppe, in: Fliegerschule Wasserkuppe online, o.Z., URL: https://fliegerschule-wasserkuppe.de/geschichte-luftsport-wasserkuppe/ (eingesehen am 28.03.2023).

Mertens, Alexander: Die Bau-Anleitung, in: Grüne Post, o.O. Frühjahr 1933.
Meyer, Erich: Der Anfang einer Weltbewegung. Der Weg zur Rhön. in: Brütting, Georg (Hg.): Segelflug erobert die Welt, München 1944.

Steffen, Daniel: Seit hundert Jahren treten Segelflieger gegeneinander an – der erste Wettbewerb wurde von einem tödlichen Unglück überschattet, in: Neue Zürcher Zeitung online, September 2020, URL: https://www.nzz.ch/panorama/segelflieger-bereits-seit-100-jahren-treten-sie-gegeneinander-an-ld.1577918 (eingesehen am 31.0.5.2023).

N.N.: Ein Name, der verpflichtet, in: Fuldaer Zeitung, Fulda 30.01.1939.

N.N.: Geschichte des Radoms. Landmarke, Kulturdenkmal, Ausflugsziel, Event-Location, in: Radom Wasserkuppe online, o.Z., URL: https://radom-wasserkuppe.de/geschichte/ (eingesehen am 12.06.2023).

N.N.: Nur noch 45 Prozent der Weltbevölkerung leben in einer Demokratie, in: Spiegel Ausland online, Februar 2022, URL: https://www.spiegel.de/ausland/nur-noch-45-prozent-der-weltbevoelkerung-lebt-in-einer-demokratie-a-97ec1d36-6bff-4212-b10a-8bc316570158 (eingesehen am 21.06.2023).

N.N.: 1918-1933: Weimarer Kino, in: Friedrich-Wilhelm-Murnau-Stiftung online, o.Z., URL: https://www.murnau-stiftung.de/filmbestand/geschichte/weimarer-kino (eingesehen am 03.05.2023).

Preußisches Finanzministerium (Hg.): Bauliche Gestaltung des Königsplatzes in München, in: Zentralblatt der Bauverwaltung, 54. Jahrgang, Heft 17, Berlin 1934.

Rathjen, Walter: Historische Entwicklung des Flugzeugs im Überblick, in: Bölkow, Ludwig (Hg.): Ein Jahrhundert Flugzeuge, Düsseldorf 1990.

Rautenberg, Hans-Jürgen und Wiggershaus, Norbert: Die „Himmeroder Denkschrift" vom Oktober 1950, Karlsruhe 1985.

Reichsamt Deutsches Volksbildungswerk (Hg.): Fliegen – Deutsches Schicksal, Berlin 1941.

Reinhold-Postina, Eva: Fliegerei und Luftfahrt in Darmstadt, in: Kulturamt der Stadt Darmstadt (Hg.): Denkmalschutz in Darmstadt, Darmstadt 1993.

Rost, Thomas: „Fest der Freude". Wiederzulassung Segelflug, in: DSMM online, August 2021, URL: https://www.segelflugmuseum.de/index.php/aktuelles (eingesehen am 12.06.2023).

Siggelkow, Pascal: Ein Feuerwerk der falschen Behauptungen, in: tagesschau online, Februar 2023, URL: https://www.tagesschau.de/faktenfinder/russland-putin-rede-103.html (eingesehen am 21.06.2023).

Spahn, Susanne: Nachrichten aus dem Kreml, in: Bundeszentrale für politische Bildung online, Januar 2023, URL: https://www.bpb.de/themen/medien-journalismus/digitale-desinformation/517057/nachrichten-aus-dem-kreml/#node-content-title-2 (eingesehen am 21.06.2023).

Spiegel, Wilhelm: Einleitung, in: Loerzer, Bruno (Hg.): Wunder des Segelflugs, Berlin 1935, S. 1.

Thamer, Hans-Ulrich: Ausbau des Führerstaates, in: Bundeszentrale für politische Bildung online, April 2005, URL: https://www.bpb.de/themen/nationalsozialismus-zweiter-weltkrieg/dossier-nationalsozialismus/39550/ausbau-des-fuehrerstaates/#node-content-title-1 (eingesehen am 09.05.2023).

Thomsen, Hermann: Bestimmungen über militärische und Seeluftfahrt, in: Kurt von Lersner (Hg.): Versailles! Volkskommentar des Friedensdiktats, Berlin 1921.

Trittel, Katharina: Krieg und Fliegen. Hundert Jahre nach Versailles, in: Institut für Demokratieforschung online, Juli 2019, URL: https://www.ifdem.de/beitraege/krieg-und-fliegen-hundert-jahre-nach-versailles/#_ftn2 (eingesehen am 09.03.2023).

Ursinus, Oskar (Hg.): Fliegerburg der deutschen Jugend, in: Flugsport, Jahrgang 31, Heft 16, 1939.

Ursinus, Oskar (Hg.): Gleit- und Segelflug, in: Flugsport, Jahrgang 12, Heft 6, 1920.

Ursinus, Oskar (Hg.): Rhönwettbewerb 1921, in: Flugsport, Jahrgang 13, Heft 16, 1921.

Ursinus, Oskar (Hg.): Segelflug, in: Flugsport, Jahrgang 15, Heft 1, 1923.

Ursinus, Oskar (Hg.): Segelflug, in: Flugsport, Jahrgang 31, Heft 2, 1939.

Von Eichendorff, Joseph: Mondnacht, um 1835, URL: https://de.wikipedia.org/wiki/Mondnacht_(Eichendorff), (eingesehen am 10.03.2023).

Wildt, Michael: Der Weg in den Krieg, in: Bundeszentrale für politische Bildung online, Dezember 2012, URL: https://www.bpb.de/shop/zeitschriften/izpb/nationalsozialismus-krieg-und-holocaust-316/151926/der-weg-in-den-krieg/ (eingesehen am 09.05.2023).

Wildt, Michael: Nationalsozialismus: Aufstieg und Herrschaft, in: Bundeszentrale für politische Bildung (Hg.): Informationen zur politischen Bildung Nr. 314, Bonn 2012.

Zehnpfennig, Barbara: Hitlers „Mein Kampf“ – ein unterschätztes Buch, in: Bundeszentrale für politische Bildung online, Dezember 2015, URL: https://www.bpb.de/themen/rechtsextremismus/dossier-rechtsextremismus/216612/hitlers-mein-kampf-ein-unterschaetztes-buch/ (eingesehen am 20.04.2023).

Literaturverzeichnis

Akademische Fliegergruppe Darmstadt e.V. (Hg.): Wie Ideen fliegen lernten. 100 Jahre Akademische Fliegergruppe Darmstadt, Darmstadt 2021.

Bach, Martin: Luftfahrtindustrie im Ersten Weltkrieg. Mobilisierung und Demobilisierung der britischen und deutschen Luftfahrtindustrie im Ersten Weltkrieg, Stuttgart 2003.

Bölkow, Ludwig (Hg.): Ein Jahrhundert Flugzeuge, Düsseldorf 1990.

Bregman, Rutger: Im Grunde gut. Eine neue Geschichte der Menschheit, Amsterdam 2019.

Brütting, Georg (Hg.): Segelflug erobert die Welt, München 1944.

Cordts, Georg: Junge Adler. Vom Luftsport zum Flugdienst 1920-1945, Esslingen 1988.

Deichmann, Paul: Der Chef im Hintergrund. Ein Leben als Soldat von der preußischen Armee bis zur Bundeswehr, Oldenburg 1979.

Ferber, Ferdinand: Les Progrès de l'aviation depuis 1891 par le vol plané, o.O. 1905.

Fritzsche, Peter: „Airmindedness" – der Luftfahrtkult der Deutschen zwischen der Weimarer Republik und dem Dritten Reich, in: Trischler, Helmuth u.a. (Hg.): Ein Jahrhundert im Flug. Luft- und Raumfahrtforschung in Deutschland 1907–2007, Frankfurt 2007.

Georgii, Walter: Forschen und Fliegen, o. O. 1954.

Gritzbach, Erich: Hermann Göring. Werk und Mensch, München 1940.

Hormann, Jörg und Zegenhagen, Evelyn: Deutsche Luftfahrtpioniere 1900-1950, Bielefeld 2008.

Janowitz, Morris und Shils, Edward: Cohesion and Disintegration in the Wehrmacht in World War II, o.O. 1948.

Jünger, Ernst: In Stahlgewittern, o.O. 1920.

Kohl, Hermann: Triumph der deutschen Luftwaffe. Ein Buch vom Werdegang der Fliegerei und ihrem Einsatz im großdeutschen Freiheitskampf, Graz 1942.

Ocker, Peter: Hans Jacobs. Pionierleben im Flugzeugbau, Heidenheim 2012.
Radenbach, Friedrich Wilhelm: Gottlob Espenlaub. Ein Fliegerleben, o.O. 1942.

Reitsch, Hanna: Fliegen – mein Leben. Testpilotin im Dritten Reich, Stuttgart 1951.

Roeingh, Rolf: Zwei Generationen Luftwaffe, Berlin 1942.

Stamer, Fritz: Zwölf Jahre Wasserkuppe, Berlin 1933.

van Rahden, Till: Demokratie. Eine gefährdete Lebensform, Frankfurt 2019.

Wehler, Hans-Ulrich: Deutsche Gesellschaftsgeschichte [1700–1990], Band 4: 1914–1949, München 2008.

Schliephake, Hanfried: Wie die Luftwaffe wirklich entstand. Der Aufbau zwischen den beiden Weltkriegen, Stuttgart 1972.

Zegenhagen, Evelyn: „Schneidige deutsche Mädel“. Fliegerinnen zwischen 1918 und 1945, Göttingen 2007.

Bildverzeichnis